SILVIO PELLICO

RAFFAELLA
Romanzo storico
d'ambientazione medievale

Nuova edizione a cura di Cristina Contilli

Lulu.com

3101 Hillsborough Street

Raleigh, NC 27607

USA

Printed in 2016.

Seconda ristampa

COVER interna: "Omnia vanitas" di Wiliam Dyce.

COVER esterna: particolare di un quadro di Francesco Hayez, elaborazione grafica di Cristina Contilli

2

INTRODUZIONE: STILE, TEMI, PERSONAGGI E TITOLO DELLA "RAFFAELLA" DI SILVIO PELLICO

1.1 Il titolo: Rafaella o Raffaella

Sulla base dell'elenco dei manoscritti del Pellico realizzato dal Tangl e citato da Luzio nel suo libro sul processo Pellico-Maroncelli[1] ho ritenuto di correggere il titolo, da "Rafaella" a "Raffaella", considerando anche che nelle "Poesie inedite", pubblicate dal Pellico nel 1837 esiste una cantica intitolata "Rafaella" che è sempre ambientata nel medioevo, ma i cui personaggi e il cui periodo storico non coincidono con quelli del romanzo storico.

Pellico aveva sicuramente pensato già negli anni milanesi a scrivere un romanzo storico come dimostra "Il Cola di Rienzo", pubblicato postumo da Mario Scotti sulla base del manoscritto conservato nell'archivio della

---

[1]   *"Di questi scritti diè un cenno il famoso padre Bresciani nella Civiltà Cattolica del 1855: dov'è rammentata precisamente tra i romanzi incompleti di Pellico una storia di Raffaella (cioè il n. 2 dell'elenco del Tangl)"* (Da A. Luzio, *Il processo Pellico-Maroncelli*, Milano, Cogliati, 1903, Dalla citazione del Luzio sono risalita alla fonte e ho trovato questo paragrafo interessante tratto proprio dalla Civiltà Cattolica del 1855: *"Tra gli scritti inediti di Silvio Pellico dei quali pubblicammo l'Epistolario abbiamo trovato altresì un breve Romanzo storico intitolato Rafaella il quale benché sia incompiuto nondimeno dalla contestura medesima del racconto sembra essere condotto non molto lungi dal fine. Essendoci paruto che questo agevolmente si potesse supplire ci siamo deliberati di aggiungervi quella parte che sembra mancare ed offerirlo ai nostri lettori recandovi eziandio quelle lievi modificazioni che l'Autore stesso vi avrebbe certamente fatte quando avesse dovuto pubblicarlo per le stampe"*, il che avvalora la mia ipotesi sviluppata più avanti in questa introduzione ossia che l'ultimo capitolo non sia di mano del Pellico, anzi a mio parere la parte scritta dal Pellico finisce con Eriberto ancora in carcere e Ottolino che entra nella cosiddetta "Compagnia della morte" che si propone di combattere appunto fino al sacrificio della vita contro Federico Barbarossa per liberare le città lombarde).

3

Civiltà cattolica, ma è probabile che abbia scritto la maggior parte della "Raffaella" dopo la liberazione dallo Spielberg come dimostrerebbero sia una lettera a Piero Maroncelli del 1831 in cui scrive *"Ho architettato un romanzo e lo sto eseguendo"*[2] sia questa affermazione contenuta nei capitoli aggiunti a "Le mie prigioni": *"Ho pure atteso alcun tempo ad un romanzo storico, poi ad un altro; ma non era ancora alla metà dell' opera, che il mio ardore venne meno."*

1.2 I personaggi:

I protagonisti di questo romanzo sono due fratelli Raffaella ed Eriberto figli di tale Berardo, residente a Saluzzo, ma proveniente dall'estero, il cui padre era stato un crociato, ma il cui nonno era stato un servo fuggito dal proprio padrone, il che sarà la causa delle disgrazie di Berardo. La sua situazione verrà, infatti, resa nota da un nobile, Villigiso, innamorato non ricambiato di sua figlia, a Manfredo, signore di Saluzzo che sarà costretto a incarcerare Berardo in attesa di restituirlo ai padroni di suo nonno. Con un gesto imprevisto di clemenza Manfredo deciderà, però, di concedere la libertà a Berardo che lo aveva sempre servito fedelmente e che era stimato da tutti i suoi concittadini e anche ai suoi discendenti.

Amico di Eriberto è Ottolino, giovane generoso, ma ambizioso che ama anche egli Raffaella e che verrà insieme all'amico fatto prigioniero dall'imperatore Federico Barbarossa, sceso in Italia per punire la città di Milano che si era ribellata alla sua autorità.

Nel pieno della guerra Raffaella verrà rapita e finirà nel castello di Villigiso, ma riuscirà a fuggire durante un trasferimento e raggiungerà Milano dove troverà una famiglia modesta, ma generosa disposta ad ospitarla, finita, però, sotto assedio anche Milano, insieme alla sua "nutrice" Alberta verrà portata alla corte di Federico dove grazie al suo carattere sincero e sensibile entrerà sotto la protezione dall'imperatrice Beatrice.[3]

---

[2]   P. Maroncelli, *Carteggio dall'esilio (1831-1844). A cura di Cristina Contilli*, Raleigh, Lulu.com, 2012.

[3]   *--Aggirandomi oggi, proseguìa Guglielmo fra quel popolo di*

4

La liberazione di Raffaella è merito di un altro dei personaggi positivi di

---

desolati, una fioca voce ferì il mio orecchio «Abate di Staffarda!
Guglielmo! Guglielmo!» Era dessa, la povera Rafaella! altre volte un
angiolo di bellezza! ora dimagrata, pallida, sostenevasi appena. Tuttochè sì
cangiata, la ravvisai. Mi feci aprire il varco dai circostanti e giunto ad
essa, la dimandai del perchè e del come si trovasse colà e piansi all'udirne
le cagioni. Ella mi chiese de' genitori, e risposi che aveano ricevuta la sua
lettera, e ch'io era venuto per lei. Quando ebbi da essa e da Alberta inteso
le loro vicende, dissi: l'augusta, l'ottima Beatrice degnerà farsi madre della
derelitta.

     --Oh, sì, buon vecchio! sclamò commossa l'Imperatrice. Io sarò
madre dell'infelice Rafaella. Perchè non l'avete qui tosto condotta essa ed
Alberta?

     --Sia ringraziato il Dio degli afflitti! disse Guglielmo alzandosi.
Quel Dio è anche quello delle Imperatrici, o donna. Egli, egli rimunererà le
vostre virtù! Se vi piace vado senz'altro indugio a dare il lieto annunzio alle
vostre protette, e condurle alla vostra presenza.
     (Dal capitolo settimo)

     Beatrice conobbe dal linguaggio di Rafaella che la sua
educazione, ad onta dell'oscura nascita, era gentile; ma ciò che in lei più le
piacque fu la tenerezza, colla quale parlava de' genitori e del fratello, e la
gratitudine sua sì espressiva eppure sì dignitosa verso chi la beneficava. Il
volto di lei spirava ad un tempo innocenza ed abitudine di pensieri elevati.
Sparito era il vermiglio delle guance, ma il pallore che le copriva, mentre
non ne scemava la bellezza, induceva anche a pietà ed a rispetto. Al primo
istante l'Imperatrice erasi soltanto proposto di proteggerla, per farla
ritornare con sicurezza nel seno della famiglia; ma ascoltandola e
mirandola, sentia sorgere maggior desiderio di consolarla e di contribuire
alla sua felicità. Ella riflettè con rincrescimento fra sè, che niuna delle
dame che la servivano sembrava così capace di retribuire confidenza per
confidenza, di vincolarsi con generosa e piena dedizione ad una vera
amica. Ernesta era tra le migliori che la circondavano, ma la sua amicizia
parea fredda all'anima ardente di Beatrice.

questo romanzo: l'abate Guglielmo di Staffarda che ha buoni appoggi a corte e che cerca attraverso l'imperatrice di scongiurare invano la distruzione di Milano da parte di Federico Barbarossa.

Il suo opposto come aspetto fisico e comportamento è l'unico vero "cattivo" di questa storia che così viene descritto quando il duca Manfredo viene informato del rapimento di Raffaella: "*Il Marchese arse di sdegno contro Villigiso, e raccontò a Guglielmo, come quello scellerato, essendo tanto felice quanto valoroso nelle battaglie, e congiungendo alla sua iniquità una finissima scaltrezza nell'adulazione, s'era amicato singolarmente l'arcicancelliere Rinaldo, ed insinuato nella grazia di Federigo.*"

Villigiso è il personaggio con meno sfumature dell'intero romanzo e nella sua ostinata cattiveria risulta anche il più letterario e finto, rispetto agli altri che, invece, presentano un carattere più complesso e che muta a seconda delle circostanze che vivono, tra questi uno dei personaggi più riusciti è quello di Ottolino che sa provare impeto e compassione, amore e pietà, che si batte con coraggio in battaglia, ma, poi, quando Eriberto è in carcere, si ritira in monastero e compiange con l'abate di Staffarda la propria sorte e quella dell'amico, sentendosi responsabile di averne ispirate le scelte: "*Tali erano gli sfoghi, onde Ottolino apriva al monaco il suo animo esacerbato. Egli narravagli confidentemente la sua storia e godea di parlare del santo Guglielmo, e degli altri religiosi di Staffarda, e del suo dolce compagno di studii giovanili, Eriberto, e di Rafaella, da cui oggimai dividealo intervallo non valicabile.--Oh avess'io prestato fede, dicea, quando mi si pingeano i mali del mondo e mi si consigliava di non volerli provare! Sfrenata voglia d'applausi mi faceva anelare alle battaglie: ed ahi! io son colui che versai nell'anima d'Eriberto la mia frenesia. Egli più mite, più religioso di me, si sarebbe certamente consacrato agli altari; ed oggi i suoi parenti lo vedrebbero venire dal chiostro vicino a confortarli nelle pene della loro vecchiaia, e benedirebbero lieti Iddio con esso lui. Struggonsi invece nel*

Venne a Beatrice il pensiero che la Provvidenza le avesse condotta Rafaella, perchè trovasse in lei ciò che non avea mai trovato in altra creatura: un cuore nè più debole, nè più forte del suo, un'immaginazione uguale, un simile bisogno di vita interna, di dolce mestizia e di religione; ma non nella solitudine assoluta e non nella compagnia di anime dissipate o avare d'affetto.(Dal capitolo settimo)

6

*dolore, orbi del caro figlio! ed egli langue in carcere lontano! e forse non
mirerà più mai il sole; e se un dì pur riede tra i viventi e muove al
paese nativo, egli piangerà inconsolabile sulla tomba de' genitori, morti
d'affanno per cagion sua! Ah, la mia mente non era, no, di essere cagione
di tali calamità. Ma se ne fui cagione per baldanza e per sete di vanagloria,
adulandomi e chiamando puri i miei voleri, son io perciò meno reo? Quante
volte mio padre, uso ai perigli della guerra ed invaghito di essi pur
confessavami tristamente di non essere senza rimorsi e di non aver mai
conosciuto a che fossero giovate al mondo le stragi, a cui avea dovuto por
mano. Egli esultava talora del guerriero spirito che in me sorgea; eppure
ad un tempo sospirava e diceami:--Tu sarai felice!--Egli m'avea fatto
dirozzare l'intelletto più che non era dirozzato il suo; non era quindi io in
obbligo di giudicare più rettamente di lui e d'abborrire quel mestiere di
fratricida? Oh mio Dio! illuminami e non imputare a mio padre gli errori
miei, ed insegnami a ripararli, affinchè il suo intento, ch'era di farmi servo
a te fedele, sia coronato, ed ei n'abbia eterno premio da te!"*

1.3 Le corrispondenze con la biografia del Pellico:

Il medioevo di questo romanzo è sicuramente frutto di documentazione
storica, ma il Pellico (come il suo amico e modello Manzoni) inserisce
anche numerosi riferimenti autobiografici, a partire dalla condizione dei due
protagonisti: Raffaella ed Eriberto sono figli di uno straniero stabilitosi a
Saluzzo e, infatti, la famiglia Pellico era giunta in questa cittadina
piemontese dalla Francia. In più Pellico aveva realmente una sorella di
nome Giuseppina a cui era molto legato e di cui potrebbe benissimo aver
trasposto temperamento e aspetto fisico in Raffaella.
Ottolino con il suo carattere generoso e ambizioso sembra riunire in sé
caratteristiche che erano sia di Federico Confalonieri sia di Ugo Foscolo,
ma, considerando che è apprezzato sia per le sue qualità militari sia per le
sue composizioni poetiche, assomiglia molto ad un ritratto del Foscolo in
abiti medievali.[4]

---

[4]   *"Ottolino, sebbene non immune da alcuni pregiudizii del suo
tempo, rendeasi nondimeno notevole per una vita dignitosa, pia e cristiana.
Per che tutti i suoi compagni lo amavano; e per quasi un anno, che durò*

Quanto all'imperatore Federico Barbarossa sembra fin troppo scontato vedere in lui una raffigurazione dell'imperatore austriaco, soprattutto quando la moglie Beatrice lo convince a non condannare a morte Eriberto così come la moglie dell'imperatore Francesco aveva convinto il marito a non condannare a morte Federico Confalonieri, commossa dalle suppliche di sua moglie Teresa.[5]

---

ancora l'assedio, ebbero campo di ammirare in lui, come possono unirsi un animo altamente pio ed un esimio valore. Alcuni poi di loro, fatti prigioni, ricantavano a' cavalieri di Federigo, e citavano con orgoglio i suoi detti e i suoi fatti.

I versi del guerriero saluzzese pareano forse migliori che non erano a cagione della stima che spandeasi dalle sue virtù. I trovadori li imparavano e portavanli per diverse parti d'Italia; nè guari andò che le sue cantiche furono note alla corte dell'imperatore. E chi le cantava ridicea l'odio d'Ottolino alle male arti e a tutte le passioni volgari.

E Rafaella inteneriasi: e le dame la guardavano quali con occhi di giubilo, quali con invidia: e Beatrice sorrideale, poi scrutava coll'occhio i pensieri di Federigo, e vedea che pur fingendo di applaudire, ne concepiva dispetto. Specialmente egli fremea, quando

Guelfo sclamava:--Bravo il mio Ottolino! hai fatto egregiamente a spezzare le tue catene. In Gramburgo non avresti poetato così!"

[5] *--Oh mia diletta, sclamò Beatrice, stringendola fra le sue braccia. Che mai mi rivelarono quel tuo sguardo e quella tua voce affannosa! Tu ami Ottolino? oh doppia sventura!*

--Non oso negarvelo, ripigliò Rafaella, singhiozzando e nascondendo il suo volto nel seno di lei: ma oh me infelice! me infelice!

--No, Rafaella! sclamò l'Imperatrice vivamente commossa. Avrò io assunto

indarno di fare la tua felicità? Tu non osavi di supplicare se non per la vita del fratello; ma la sua e quella di Ottolino debbono esser salve. Chiederò a Federigo questa grazia con tale e tanta insistenza, che la strapperò a viva forza dal suo cuore.

8

Ci sono anche altri due personaggi che sembrano avere delle corrispondenze con persone reali di cui Pellico era stato amico: l'abate Guglielmo di Staffarda per la sua cultura ricorda lo scrittore Ludovico Di Breme che per un antico privilegio medievale della sua famiglia godeva del titolo di abate dell'abbazia di Breme, riunificata dopo la sua distruzione con l'abbazia piemontese di Novalesa. Sicuramente rispetto a Ludovico l'abate di Staffarda è un personaggio più saggio e più fedele al voto di castità, ma il Ludovico, trasfigurato da Pellico nel ricordo nella sua cantica, dedicata all'amico nelle "Poesie inedite" del 1837 somiglia davvero come qualità all'abate di questo romanzo.[6]

---

[6]   "Lodovico De Breme" dalle "Poesie inedite" del 1837:

Ma in ver di Lodovico io l'amicizia
Ingratamente troppo rimertai,
Fera in quegli anni m'opprimea mestizia,
32 Nè a lui la vita abbellir seppi io mai.

Con indulgenza infaticata il pondo
Ei reggea di mia trista alma inquïeta,
E spesse volte da dolor profondo
36 A sorriso traeami e ad alta meta.

Per forte impulso de' suoi cari accenti
Energìa forse conseguii più bella:
Quell'energia perch'uomo infra i tormenti
40 Soffoca i lagni, e indomito s'appella.

La facondia, l'amor, la pöesia
Perscrutante e gentil de' suoi pensieri
Luce nova sovente all'alma mia
44 Davan cercando i sempiterni veri.

Quante fiate a' gravi dubbii miei
Mosse amichevol, generosa guerra,
E me dai libri tracotanti e rei

9

Il monaco Arnaldo che, dopo aver soggiornato presso diverse abbazie ed essere divenuto a Parigi allievo di Abelardo, finirà sul rogo sembra, invece, assomigliare molto, in modo quasi profetico, a Vincenzo Gioberti che nel 1833 era finito nei guai per la sua vicinanza con gli ambiente mazziniani e dopo due mesi di carcere era stato esiliato e aveva trascorso un periodo a Parigi, prima di trasferirsi a Bruxelles. Le opere di Gioberti vennero messe all'indice solo nel 1849, ma carcere ed esilio possono essere già considerate la modernizzazione del processo per eresia contro il monaco Alberto. Senza dimenticare che Silvio Pellico aveva un fratello teologo e che su Gioberti pesava il sospetto di essere vicino alle posizioni ontologiste[7] e forse Pellico poteva esserne informato dai discorsi del fratello.[8]

---

48 Svelse di lor, cui senza Dio è la terra!
* □Se arditi di sua mente erano i voli*
Quando la mente ei di Platon seguiva,
Pur temev'anco di ragione i dòli,

52 Ed a' piè dell'altar si rifuggiva.
Te sorpreso di morte sì precoce,
Deh! amico, non avesse il fero artiglio!
Più fido mi vedresti ora alla Croce,

56 Più concorde or sarìa nostro consiglio.
Testo tratto da: http://it.wikisource.org/wiki/Lodovico_de_Breme

[7]   http://www.eresie.it/it/Gioberti.htm

[8]   *"Tu inorridisci, figliuolo, veggendo in me chi si dice amico suo. Odi. Ei non volgeva in mente eresie, quand'io dapprima lo conobbi. Egli era divorato da ardente bisogno di operare ed agitarsi; e questo lo disgustò ben presto dei silenzii e della quiete della contemplazione. Ei disse di voler viaggiare in traccia della sapienza; ed io che gli aveva posto molto amore e prevedeva i rischi, a cui il bollente suo spirito andava incontro, nol volli abbandonare. Passammo in varii cenobii: ma nessuno contentava il mio amico; tant'egli presumeva di sè medesimo. Visitammo il santo abbate*

Bernardo di Chiaravalle; e parve un istante ad Arnaldo d'essere chiamato ad imitarlo. Nondimeno il desiderio di maggior dottrina lo allontanò da lui e lo trasse a Parigi alla scuola dell'illustre Abailardo, ove pure splendeva l'ingegno di Pietro Lombardo di Novara, detto il _maestro delle sentenze_, ora vescovo di Parigi. Fra i discepoli d'Abailardo, il più studioso ed ardente era Arnaldo. Allettato dalle novità del maestro, concepì il disegno di predicare contro gli abusi che egli diceva di scorgere negli ecclesiastici, e tutta la sua vita divenne un iracondo apostolato contro la ricchezza del clero. Io mi adoperava indarno a frenare gl'impeti di quello spirito irrequieto; la smania che lo invadeva era più potente de' miei consigli.

--Francia, Svizzera ed Italia lo udirono attonite bandir guerra a' prelati, ed intimare come debito degli uomini di Chiesa l'intero spogliamento d'ogni possesso. Sì gagliarda tonava la sua facondia, sì affascinante era l'esempio ch'ei dava di rigida penitenza, sì strascinante l'autorità ch'egli su molti altri monaci aveva acquistato, che non poneano in dubbio essere lui mosso da Dio; e quasichè lo scopo del Vangelo fosse più la _povertà_ che la _carità_, calpestavano questa per imporre inesorabilmente quella. Il loro delirio era della natura di quelli, che tanto più sono perigliosi, in quanto che racchiudono qualche apparenza di vero. Senza dubbio gli abusi della ricchezza degradano il sacerdozio, e povertà che muova da carità è santa. Ma Arnaldo affogava questa parte di verità in una moltitudine di proposizioni, altre esagerate, altre erronee, altre apertamente ereticali. Io me n'avvidi e gliel dissi. Ei mi respinse dal suo seno trattandomi d'adulatore de' potenti e d'apostata. Malgrado di ciò io l'amava teneramente. E trovandomi a Roma, allorchè agli altri assunti, egli unì quello di suscitare il popolo a governo libero e ribellione dal Papa, lo scongiurai ancora con lagrime d'aprir gli occhi sul precipizio, al quale correva. Anche allora mi respinse e non volle quinci appresso nè più ascoltarmi, nè più vedermi. Fui certo allora della prossima sua ruina, nè i miei presentimenti fallirono. Dopo varii conflitti delle fazioni che eransi suscitate in Roma, Arnaldo fu sbandito e costretto a fuggire in Campania presso un Visconte. Ma Federigo Barbarossa che in quel tempo veniva in Roma per cingersi la corona imperiale, lo fece prendere e consegnare al prefetto della città. Il misero fu strangolato e bruciato, sparse le ceneri al

11

1.4 L'abate di Staffarda e frate Uguccione una personificazione delle due anime religiose del Pellico?

La Provvidenza che ha un ruolo decisivo ne "I promessi sposi" manzoniani nel romanzo storico del Pellico ha, invece, un ruolo più relativo perché il suo intervento viene riconosciuto da alcuni personaggi e messo in discussione da altri e in particolare di questo tema discutono più di una volta durante i loro viaggi, l'abate di Staffarda e frate Uguccione, il primo convinto assertore dell'intervento divino nella storia umana e del fatto che nel disegno complessivo di Dio anche ingiustizie o storture abbiano un senso, l'altro più dubbioso che rimette ogni volta in discussione questa convinzione, citando diversi fatti che lo portano a dubitare del fatto che Dio abbia davvero il "controllo" di tutto ciò che accade nel mondo e che di fronte alle ingiustizie come per esempio il rapimento di Raffaella o il fatto che l'imperatore Federico rada al suolo l'intera città di Milano, uccidendo anche degli innocenti, pensa ad una Provvidenza che ogni tanto si dimentica di intervenire quando sarebbe necessario.[9]

---

vento. Ecco la miseranda fine dell'improvvido Arnaldo. Io lo piansi e lo piango ancora; e tengo per fermo essersi quell'uomo così perduto, perchè nato con forte inclinazione ad agitarsi, commise l'errore d'abbracciare, senza divina vocazione, lo stato
     monastico, nel quale l'irrequieta anima sua non seppe trovare altra palestra, se non quella in cui s'avventò."

     (Ho riportato questo brano integralmente anche se è piuttosto lungo perché per quanto Arnaldo Da Brescia sia un personaggio storicamente esistito e non un'invenzione del Pellico, la descrizione del suo temperamento e delle sue vicende ha diversi punti di contatto con la vita di Gioberti e soprattutto con il rapporto di amicizia tra i fratelli Pellico e lo stesso Gioberti).

[9]   *--Birboni! dico io (esclamava Uguccione), che a furia di agitarsi e di agitare tolgono la pace anche a chi non altro vorrebbe che compiere liscio liscio il suo pellegrinaggio, senza far male, e senza riceverne.*

E, in fondo, nonostante i discorsi sensati e basati su solidi ragionamenti

--E credete voi, figliuolo, che il compiere il nostro pellegrinaggio liscio liscio, e senza ricever male, valga il merito di perdonare a nemici, di beneficare ingrati, di patire persecuzioni per la giustizia? A chi perdoneremo se nessuno ci nuoce? Quando saremo noi davvero generosi, se beneficando otteniamo sempre la gratitudine altrui? Di qual giustizia sarem noi zelanti, se niuno ha duopo che essa gli venga predicata, se niuno le oppone l'ingiustizia e la violenza?

--Dunque, padre abate, i birboni non saranno più birboni; poichè il mondo tanto ha bisogno di loro per andar bene.

--Innalzatevi sopra questi pensieri volgari, figliuolo, ed ammirate piuttosto, come la Provvidenza sappia rendere utile l'opera de' malvagi, senza che scemi ad alcuno l'obbligo di pentirsi delle proprie malvagità e di tendere alla perfezione.

--Così dee essere certamente! dicea frate Uguccione, senza però essere interamente persuaso.
(Dialogo tratto dal quarto capitolo)

--Bella tenerezza di cuore per verità, fratel mio, non voler vedere gli altrui patimenti per non sentire afflizione! Questa è tenerezza verso di sè, non verso degli altri. La vera tenerezza o meglio carità del prossimo dee muoverci a sollevare l'altrui miseria, e quindi a ricercarla e scoprirla. Quanto poi ai vizii che ti fanno afa ne' grandi, pensa che ogni classe ha i suoi difetti e peccati. Che se questi nei potenti del secolo son più frequenti per esser in loro più spesse e più pericolose le occasioni: vi si ammirarono nondimeno ben soventi delle grandi virtù. Dimmi: tra i vizii della corte di Federigo, non hai tu veduta una Imperatrice, specchio di modestia, di umiltà, di mansuetudine, di carità e d'ogni cristiana perfezione? E queste virtù nello splendore di un trono sì alto, e tra i pericoli d'una corte sì depravata, credi tu che abbiano piccolo pregio?

--Oh questo l'ho confessato e lo ripeto; la virtù di quella Signora mi ha più d'una volta commosso fino alle lagrime; e meravigliato dicevo tra

13

teologici dell'abate di Staffarda, frate Uguccione resterà persuaso che egli come molti altri è stato ingiustamente sbalzato dalla sua vita normale in cui si proponeva semplicemente di fare il proprio dovere senza danneggiare gli altri e senza esserne danneggiato in mezzo alle violenze della guerra.

1.5 Una poesia autobiografica "contrabbandata" per un canto di un trovatore medievale...

Nel primo capitolo del suo romanzo Pellico che univa spesso nei propri scritti il lato sentimentale ad una lieve ironia inserisce un testo, nato come sfogo autobiografico durante la detenzione, tanto che una copia di questo testo era stata donata dal Pellico al Confalonieri, durante il soggiorno allo Spielberg con il titolo significativo di "La calunnia".[10] Su Pellico pesava,

---

me: Come è possibile che una moglie sì buona si trovi a fianco d'un marito sì tristo!

--Ammira anche in ciò, frate Uguccione, la sapienza della divina dispensazione. Spesso, come dice l'Apostolo, il marito infedele vien convertito dalla moglie fedele, e viceversa. Chi sa che Federigo non debba alla fin ravvedersi, pei conforti e per le preghiere della sua virtuosa consorte.

--Non c'è che dire; voi trovate sempre una ragione per dimostrare che ogni cosa così va bene come va. Questo significa esser uomo di lettere ed avere studiato teologia! Io che sono un povero laico...
    (Dialogo tratto dal nono capitolo, ne mancano solo due alla fine del romanzo e uno soltanto probabilmente, il decimo di mano del Pellico, eppure frate Uguccione non è ancora convinto e la cosa divertente è che frate Uguccione si definisce un povero laico definizione che sarebbe andata bene per Pellico che era appunto un laico, ma non per Uguccione che nel romanzo è un frate, in realtà, trattandosi di un romanzo rimasto manoscritto e pubblicato postumo, mi sembra una svista del Pellico, sfuggita a chi curò nel 1855 la pubblicazione del testo).

[10]   *Cadde sopra il mio capo una sventura.*

E il suo nome era: Fulmin di Regnante
E anni di ferro in atra sepoltura.
Ed io non dissi il flagel tuo pesante
  Più che non merto; e il verme lacerato
  Baciò l'impronta di tue sacre piante.
Ma un altro ne scagliasti; e fu chiamato
  Stral di calunnia, e allor, gran Dio, perdona,
  Se di te querelossi il dementato.
Ed esclamai:--Non è Dio che tuona
  Su dalle sfere? E come va, gridai,
  Ch'Ei vede il giusto oppresso, e l'abbandona!--
Empio era il grido; ma crudele assai
  Più di carcere e morte è la ferita
  Ch'ultima venne, e se mertata, il sai.
Dato preda a carnefici, ogni aita
  Volsi dell'intelletto, onde immolata
  Non fosse con la mia d'altri la vita:
E fra tutte una! E a questa era legata
  L'anima mia con quanti dolci nodi
  Amistà far potesse inviölata.
Se mai speranze, se promesse o frodi
  Corruppero il mio cuore, al porto eterno
  Ch'io mai della salute non approdi!
Or qual fu quello spirito d'inferno
  Che, a miei dì più incolpati invidiando,
  Sacri all'odio li volle ed allo scherno?
E per quale incantesimo esecrando
  Color, che già m'amaro, all'empia voce
  Gentilezza e pudor misero in bando,
E sitibondi alla calunnia atroce
  Posero il labbro, e poichè furono empiuti,
  La riversar con ebbrezza feroce?
Spietati! e non doveano incerti e muti
  Almeno starsi, o chiedere ove indici
  Fossersi in me di codardia veduti?

15

Porro, suo datore di lavoro ed amico, in realtà, come ha dimostrato Domenico Chiattone nella sua edizione de Le mie prigioni Pellico rivelò la sua adesione alla Carboneria avvenuta in contemporanea con quella del conte Porro dopo aver saputo che quest'ultimo era fuggito all'estero ed era al sicuro. Certo, se Pellico avesse continuato a tacere avrebbe fatto meglio perché in mancanza di prove forse il conte Porro sarebbe uscito indenne dal processo, ma è altrettanto vero che fuggendo da Milano Porro aveva in qualche modo mostrato alle autorità austriache di non sentirsi del tutto a posto, altrimenti sarebbe rimasto nella propria casa in attesa dello svolgimento del processo.

1.6 Silvio Pellico, uno scrittore romantico, tra sentimento ed ironia

Silvio Pellico aveva un animo sensibile (*tendre* secondo l'interessante definizione di Stendhal),[11] ma era anche un attento osservatore delle

---

E i giorni miei più lieti e più infelici
Risposto avriano:--Ei non fu mai codardo!--
Nè smentirli poteano i miei nemici.
Or chi lo stigma raderà bugiardo,
Onde al mondo segnato è il nome mio?
Chi mi svelle dal cor l'infame dardo?
Ah! dalle nubi odo risponder:--Io!--
Ma quando, o sommo giudice? Deh, affretta,
Sì che a me più non maledica il pio;
E l'amico fuggito alla vendetta
Dell'aspro fato, e i figli a lui rapiti
Sappian qual di me son parte diletta;
E il padre mio e la madre, incanutiti
Per me nel pianto, alzin la fronte ancora;
Chè i lor capei non fur da me avviliti
Nè il saran mai, per quanto oppresso io mora.

[11]   *"Le pauvre Pellico n'a pas les talents de sir Walter Scott; mais voilà une âme digne de l'intérêt le plus tendre et le plus passionné. »*

dinamiche sociali che sapeva poi ritrarre con una certa ironia come dimostrano sia le lettere al fratello Luigi sia articoli e racconti pubblicati sulla rivista "Il Conciliatore".

Questa ironia che ne "Le mie prigioni" di fronte alla drammaticità della detenzione sembra diventare piuttosto marginale, riemerge in alcuni brani di questo romanzo come per esempio nel racconto del banchetto offerto per festeggiare la liberazione dallo stato servile di Berardo e dei suoi discendenti da parte di Manfredo, signore di Saluzzo. Durante un banchetto in cui siedono le une accanto alle altre persone di differente estrazione sociale Pellico inserisce un'annotazione interessante e senza dubbio ironica: *"Ai deschi illustri regnava quella spontanea famigliarità che facilmente si genera fra pari, e fra i nobili e signori era allora condita d'eleganza più poetica che non fra i volgari. I poco esperti, come Eriberto e Rafaella, stupivano il bello di tali maniere, e s'abbandonavano, con silenzioso compiacimento, a considerarlo e gustarlo. Anche si maravigliavano di certa indefinibile dissonanza, che appariva ogni volta che i cavalieri e le dame volgeano la cortese parola agli ultimi due deschi. La parola era cortese; parea la medesima cortesia che usavano dame e cavalieri fra loro; eppure non era. Ma Berardo non istupiva gran fatto nè al poetico, nè al dissonante delle due cortesie; le quali egli conoscea da lungo tempo. Mentre con disinvolta riverenza rispondea alle graziose proposte de' maggiori, o con affetto coniugale e paterno rallegrava i tre volti a lui più cari, nascondea il cruccio che prova ogni uomo irreprensibile e veggente ne' cuori umani, che sa di essere odiato e sprezzato ne' giudizi secreti di più d'uno che gli sorride. Nè ignorava come i cosiffatti avessero approffittato de' suoi giorni d'umiliazione per deprimerlo proditoriamente con vili calunnie."*

Allo Spielberg come raccontano nelle loro memorie sia Alexandre Andryane sia Piero Maroncelli per rifarsi delle ingiustizie subite, ma anche per potersi esprimere più liberamente, i prigionieri politici avevano affibbiato un soprannome sia a se stessi sia al personale del carcere, compresi gli inviati di alto rango che periodicamente giungevano da Vienna per controllare che il rigido regolamento carcerario venisse rispettato e secondo Maroncelli anche Pellico non mancava di fantasia nell'inventare soprannomi e dimostra questa sua capacità anche in un brano di questo romanzo in cui ironizza sui nomi dati dal popolo ai consoli della città di Milano.

1.7 La prigione di Eriberto, specchio della prigione del Pellico

Come oppositore dell'imperatore Federico Barbarossa Eriberto viene incarcerato insieme all'amico Ottolino, ma mentre quest'ultimo durante un trasferimento da una prigione ad un'altra riesce a fuggire, Eriberto non solo resta chiuso in carcere, ma viene spostato da una struttura dove le condizioni di vita sono migliori ad un'altra che non solo ha un aspetto più tetro, ma dove le condizioni di vita sono nettamente peggiori.
Eriberto pensa che questo cambiamento è stato deciso dai giudici per cercare di strappargli qualche rivelazione, in realtà, è stato Villigiso che l'ha fatto trasferire per avere in suo potere Raffaella.
La descrizione delle due strutture in cui viene rinchiuso Eriberto ha forti assonanze con la descrizione che Pellico fa delle carceri di Venezia prima e dello Spielberg poi. Come Silvio anche Eriberto passa, infatti, da un luogo dove la disciplina è più blanda ad uno dove è più severa e oltre a questo, come Silvio nei primi giorni allo Spielberg era finito in una buia cella del sotterraneo, anche Eriberto subisce la stessa sorte: "*La prima volta che Rafaella tornò a visitare Eriberto era accompagnata da Guglielmo. Nol trovarono più nel carcere salubre, ove stava dianzi, ma in orrendo sotterraneo, ove appena dall'alto penetrava debole raggio di luce, e ove l'umidità era tale che le pareti gocciolavano. Il custode disse essergli stato imposto questo mutamento, nè saperne il perchè. Eriberto l'attribuiva ad artifizio de' giudici, per accrescerne le angosce, e così indurlo a mercare la salute con supposte rivelazioni. Nel luogo di prima egli avea il conforto di vedere in lontananza dai cancelli l'amico Ottolino; d'udire il suo canto e di scambiare qualche cenno o parola con lui. Qui invece la solitudine era piena. Oh quanto orrenda parve anco a Rafaella, e per compassione di lui, e perch'era a lei pur sì dolce il vedere dai cancelli Ottolino e udire la sua voce! L'intenzione supposta da Eriberto ne' suoi tormentatori non era la vera cagione del traslocamento. Villigiso voleva operare nuovo terrore in Rafaella, e così farle sentire maggiore bisogno di sè. Ella intese l'arte furbesca; e però tornata dall'Imperatrice proruppe in dirottissimo pianto, scongiurandola di salvare il fratello, la cui sorte vedeva oggimai disperata. Beatrice pianse con lei, e fremette d'aver meno potere sopra l'animo dell'Imperatore, che scellerati simili a Villigiso. Allora Rafaella, nell'impeto*

18

del suo dolore, manifestò all'Imperatrice le sue angosce eziandio per Ottolino."

1.8 Un finale forzato?

Silvio Pellico interruppe la stesura del suo romanzo alla centociquantesima pagina, ma non potendo visionare il manoscritto è difficile stabilire a quale lunghezza si possa arrivare nel testo stampato a fine '800 e oggi disponibile anche in formato kindle.

Io credo che la narrazione del Pellico si fermi al penultimo capitolo e che la promozione di Ottolino a conte e il suo matrimonio con Raffaella siano un finale lieto, ma un po' forzato, scritto da colui a cui i padri gesuiti avevano affidato nel 1855 il manoscritto del Pellico.

Anche lo stile dell'ultimo capitolo sembra più meramente descrittivo e meno sentimentale di quello del Pellico quasi ad indicare che lì è intervenuta un'altra mano.

"I vespri siciliani" di Francesco Hayez da:

http://www.francescomorante.it/pag_3/302ha.htm

In epoca risorgimentale i pittori di storia come Hayez, Carcano, Palagi, etc. raffiguravano spesso episodi della storia italiana medievale in cui si era verificata una ribellione contro il dominio straniero, queste raffigurazioni ispirate a poesie e romanzi dell'epoca alludevano allo stato dell'Italia nell'800 ed erano un modo per ricordare che in passato gli Italiani avevano avuto coraggio e determinazione necessarie per riconquistare la libertà.

CAPO I.

La Manumissione.

Nell'anno 1160 vivea in Saluzzo un arimanno[1] per nome Berardo della Quercia, il quale godea da lungo tempo tal grazia del suo signore, Marchese Manfredo, che sarebbe quasi potuta dirsi amicizia. Berardo, sfuggendo gli onori della corte e stando ordinariamente nei suoi campi, venia visitato dal Marchese e consultato sopra molti capi del suo governo: tanto era noto il retto animo ed il senno di quel buon suddito, per nobili prove ch'egli spesso ne avea date; e tanto a far pregiare simili doti giovava la sua singolare modestia.

1 Arimanno vuol dire uomo libero (nota del Pellico)

Giunse fino ai principii della vecchiaia senza patire gravi sciagure; ma egli avea partecipato alle altrui, come se fossero sue, e quindi il cuore non gli si era indurato dalla prosperità. Giovanna sua moglie, di nascita egualmente umile, ma di spiriti gentili, avealo fatto padre di più figliuoli. Due soli rimaneano, Eriberto e Rafaella; quello in età di oltre vent'anni e questa di sedici. Gli altri erano stati mietuti dalle guerre di Cuneo; villaggio allora di poco antica fondazione, ma che già prendeva aspetto di città, e tutto composto di ardimentosi, che voleano vivere a popolo, a guisa di Asti e di altre città italiane.

Il favore del Marchese non redimeva Berardo dal poco pregio, in cui il più de' Baroni, in cuor loro, teneanlo; perchè semplice arimanno; ed era anzi cagione che alcuni lo abborrissero.

Fra questi annoveravasi Villigiso, signore di Mozzatorre, uomo prode, ma d'anima abbietta; il quale abborriva Berardo particolarmente, perchè questi l'aveva fatto stare a segno, alcuni anni addietro, quando, trovandosi entrambi ad una festa di nozze campestri, Villigiso s'era arrogata una famigliarità insolente colla sposa. Il marito erasi adirato e Villigiso l'avea percosso. Dove Berardo, non solo difese arditamente que' contadini e costrinse il temerario a ritirarsi; ma accusati quelli da Villigiso, Berardo sostenne la loro innocenza, e fu cagione che Manfredo pubblicasse una

21

legge che tutelava sotto gravi pene, i matrimonii de' villici contro l'audacia de' Baroni. Dopo alcun tempo di lontananza dalla corte di Saluzzo, Villigiso fu rimesso in grazia; e benchè trattando poi con Berardo, mostrasse di non serbar memoria dello smacco ricevuto e desse anzi vista di condannare i proprii torti della gioventù, pure segretamente abborrivalo e meditava vendetta.

Per mala ventura accadde, che il segretario di Villigiso, frugando in carte dimenticate da molti anni, trovò un documento, il quale indicava che Berardo della Quercia avea avuto per avo un servo del barone.
Notavasi che questo servo era fuggito nella gioventù, avendo un bambino chiamato Iseppo; il quale, per testimonianza di molti, preso il mestiere dell'armi, era ito a combattere pel sepolcro del Salvatore. Il segretario poi si ricordò d'avere inteso dire che Berardo fosse figliuolo d'un crociato, posatosi già vecchio in Saluzzo. Prese maggiori informazioni, ed accortosi del fatto, il segretario diè di ogni cosa contezza al barone.

Come prima questi vide il documento ed ebbe esaminate le prove, che poteansi avere dell'identità del servo fuggito e dell'avo di Berardo, egli tenne per fermo il suo trionfo di prostrare a' suoi piedi quest'infelice con tutta la sua famiglia. Mosse dunque con questo intento a Saluzzo, e palesati i suoi diritti al Marchese, dimandò giuridicamente il nipote del servo fuggito.

Manfredo era scrupoloso osservatore della giustizia, e non l'avrebbe violata se anche si fosse trattato del proprio figlio. Egli fece venire Berardo in giudizio e mostrogli il documento e le testimonianze, questi confessò d'avere avuto per padre il crociato Iseppo; di che egli fu posto in balìa di Villigiso. Secondo le leggi di quei tempi, chi usurpava la libertà o godea libertà usurpata da' suoi maggiori, era quasi reo d'un furto, e niun potente, senza acquistar fama di tiranno, avrebbe potuto sottrarlo al dominio del padrone che lo richiedesse. La scoperta di tali usurpazioni di libertà non era avvenimento raro e se ne leggono parecchi esempii nella storia di quei tempi. I servi fuggiti ripatriavano talvolta in vecchiaia, attratti dall'amore del luogo natio, o dopo di loro ripatriavano i figliuoli, con fiducia d'impunità che non era sempre irragionevole. Giacchè dove trattasi di cose o persone non illustri, pochi traslocamenti, pochi intervalli, poche vicende oscure, sfuggite all'occhio altrui, bastano spesso a fare smarrire la cognizione dell'origine e a farne attribuire una diversa dalla vera. Tali ragionamenti avevano ispirato fiducia al crociato Iseppo: e la fiducia doveva essere naturalmente ancor maggiore in Berardo.

Ecco dunque un'onesta famiglia caduta nell'obbrobrio! Ma se Manfredo, per non ledere il diritto del barone suo vassallo, avesse abbandonato l'uomo che egli onorava ed al quale era avvinto da gravi debiti di gratitudine sarebbe stato un mostro; e tale non era. In Saluzzo, nel suo territorio, ne' vicini marchesati, non sussurravasi più d'altro che dell'infelice sorte di Berardo. Il volgo che, durante la sua prosperità, non ristava dall'invidia e lo malignava, ora non ricordavasi più se non delle sue virtù e lo compiangea. Di che ai mercati di Saluzzo affluiva gente dai luoghi vicini e lontani, non tanto per comperare e vendere quanto per udire se le sventure di Berardo non avessero qualche riparo.

Brulicava di popolo, in uno di tai giorni, la piazza di Saluzzo, e si udivano da ogni lato frapporsi al grido del prezzo delle merci e allealtre voci di mercato i nomi di Berardo, di Giovanna, di Rafaella, d'Eriberto. Centinaia d'oratori di eguale facondia e tutti poco informati declamavano senza gran fatto sentirsi a vicenda, trasformavano i desiderii e i presentimenti in realtà, narravano stravaganze, che nulla avevano che fare con quel fatto, fuorchè nutrire l'universale cordoglio. Questi veniva contradetto da quello, contendevano, s'ingiuriavano, ed invocavano per testimonio chi il vicino, che nulla non sapea di meglio, chi l'astrologo che disceso con gravità dal banco, s'offriva di dar lume alle parti altercanti. Gl'interrogati decidevano la questione con nuove congetture e nuove favole, rimanendo ognuno sempre più all'oscuro di quanto tutti bramavano sapere.

--Berardo è di schiatta libera quanto la mia (urlava uno); e lo calunnia atrocemente chi lo vuole d'origine vile. Io conobbi suo padre quando tornò di Terra Santa; il nostro marchese Bonifacio, di gloriosa memoria, ve l'avea mandato fra gli arimanni capitanati da suo fratello.

--Ed io non dissi essere stato lui ciurma di schiavi (gridava un altro); bensì che Berardo non sarebbe stato giudicato servo di Villigiso, se ciò non fosse ben provato.

23

--Provato un fico! vi dico io. Il Marchese è uomo; e quantunque savio come suo padre potrebb'essere ingannato.

--Sì! ingannato! Eh! che non si può errare, quando non si tratta di niente più in là dell'avo di un cristiano. È vero che il crociato generò qui nella vecchiaia il povero Berardo, e che il crociato era pur nato di padre vecchio; è vero che questi era fuggito nell'infanzia e che lo avevano creduto affogato nel Chiusone o nel Pollice, e che niuno ponea più mente a quella schiatta di servi. Ma quando il diavolo disseppellisce carte, che per disgrazia, serbano memorie in forza delle quali una famiglia onesta dee precipitare nella sventura, e quando l'infallibilità di quelle carte è accertata dai dottori, chi può dubitare del giudizio che ne viene pronunciato?

--Chi può dubitarne? Io! io che so quai brutti giuochi facciano talora, non so s'abbia a dire le apparenze, o il diavolo! I registri delle famiglie de' servi non si possono inventare, lo riconosco; e la pergamena dissotterrata sarà bella e buona per mostrare quali antenati abbia avuti il servo che s'affogò, o fuggì. Ma niuna pergamena palesa se quel servo sia piuttosto fuggito che affogato. Si acquistasse pure certezza della sua fuga, quasi un secolo dopo, allorchè i vermi avrebbero potuto mangiarlo venti volte; come volete che si dimostrino i viaggi da lui fatti, e si sappia che un tale, il quale anco è cenere da gran tempo, era suo figlio?

Sebbene questi e simili discorsi mostrassero la libertà del popolo nel discorrere del suo principe; non v'era però germe d'odio contro di lui, nè la minima diffidenza della sua equità: giacchè il marchesato (all'eccezione di Cuneo) riposava fedelmente nell'abitudine dell'obbedienza. Per quanto i mercati fossero romorosi e vi s'agitassero diversi contrarii pareri, niuna ombra ne prendeva il governante, niun notevole scandalo ne sorgeva nei governati. Pochi birri moveano su e giù per la piazza, non solleciti di far badare alla loro presenza, se non quando avvenissero gare di bastoni e di coltelli o si gridasse: al ladro!

Infatti, mentre fervea la multiplice conversazione accennata, ecco un suono di tromba sotto il portico doppio, e tutti volgersi rispettosi a quella parte. Un banditore facea sventolare la bandiera marchionale per intimare silenzio; e già niuno più zittiva. Tornò a sonare la tromba prolungamente, e tutti

24

giubilarono, perocchè quel segno annunziava la discesa del Sire dal castello e qualche provvedimento che egli venisse a dare al cospetto del popolo.

Il portico doppio era un palazzo presentante due ordini d'arcate l'una sull'altra. Giunti dal castello il Marchese, la Marchesa, il loro figlio e numerosa comitiva, salirono sull'arcata superiore, e s'assisero nei proprii seggi, a vista di tutto il popolo. Qual fu la generale maraviglia quando, dopo aver fissato gli occhi sui personaggi seduti, si potè discernere, in un folto gruppo d'uomini e donne del seguito che stavano in piedi l'infelice Berardo, la moglie ed i figli.

--Come lassù? che vuolsi far di loro? Guardatelo là quel valentuomo! Non umile più di prima, perchè era già tanto! non vergognoso, perchè e qual colpa ha egli commessa? non corrucciato, perchè chi mai amò al pari di lui il prossimo, compresi i nemici? E la buona Giovanna! E quell'angelica creatura di Rafaella? Ed Eriberto?

Queste ed altre esclamazioni, levatesi a un tratto da tanti petti, suonarono per l'aria, con quella specie di vibrazione che, agli orecchi degli uomini esperti di tali scene, indica animi commossi da affetti penosi, ma benevoli. Perocchè i bisbigli della moltitudine, sebbene composti di sillabe indistinte, hanno come la voce d'una persona individua, diversi caratteri, secondo la diversa passione che li suscita. Berardo capì; e levò gli occhi al Cielo. Le due donne capirono parimente, e nulla espressero all'altrui guardo, ma sotto i loro veli una segreta lagrima accompagnò l'atto di grazie che offrivano a Dio.

Il banditore ripigliò la tromba, e fe' di nuovo il cenno del silenzio. Allora Guglielmo di Manta, notaio del palazzo, s'accostò alla ringhiera con ampia carta in mano e lesse in quel grossissimo latino, che allora tutti intendevano, quanto segue:

«Nell'anno dell'incarnazione del Signore mille cento sessanta, terzo delle calende di Giugno, indizione eccetera. Io Manfredo, figlio del fu Marchese Bonifacio di buona memoria, dissi, presente ai presenti; Berardo della Quercia essendo stato generato da Iseppo, il quale fu generato da Antonio il quale era servo de' signori di Mozzatorre, come consta dal documento

25

prodotto, ecc. ed esaminato, ecc. ecc. e dalla confessione di Berardo medesimo......

--Dalla confessione di Berardo medesimo! mormorò il popolo, con istupore e pietà.

Il notaio, udendo quel romore agitò in aria la carta; il banditore ripetè il cenno, e la piazza tornò ad ammutolire.

Ma troppo molesto sarebbe al lettore l'udire tutto intero il capolavoro di Guglielmo di Manta. Que' che l'udirono dalla sua bocca erano più pazienti di noi; e nondimeno lo interruppero tratto tratto con sbadigli, per isfogare così l'ingenito bisogno di varietà che è nell'uomo. In quel documento diceasi dunque che Berardo e tutta la sua famiglia, essendo servi del Sire Villigiso di Mozzatorre, questi era stato richiesto dal Marchese di venderglieli, e che l'accordo era seguito, mediante la cessione che Manfredo facea a Villigiso d'alcuni campi e di parecchi diritti colla giunta della somma di trecento genuine.

Manfredo inoltre dichiarava che l'acquistato servo Berardo gli s'era in molte occasioni mostrato zelante della sua gloria e pieno di sapienza; e che perciò esso Manfredo non volea, coll'opprimere sì degno uomo, meritarsi la dannazione eterna. Quindi proseguiva: «Io vostro signore, o Berardo, o Giovanna moglie sua, ed Eriberto e Rafaella figli loro, e tutta la futura discendenza di Berardo, mosso da benevolenza e da debito, statuisco essere voi _liberos et absolutos iuxta legem ab omni vinculo servitutis_; e statuisco esservi conceduto, in grazia della vostra libertà, ogni acquisto vostro, tanto per quel che avete, quanto per quel che potrete avere, ecc., e che _sicut cives romani_ abbiate le porte aperte, ecc., _et licentiam eundi et abitandi ea parte mundi qua volueritis_. Infine, o mio Berardo e voi famiglia di questo giusto, _ad recordationem huius libertatis et amoris mei, concedimus vobis tres petias terrae iuris nostri......_ Vi concediamo tre pezzi di terra di nostro diritto, confinante coi campi che già possedete lungo il Po, ecc.
Prima petia habet sex iornatas optimas ad celoyram[2]. La prima pezza contiene sei giornate ottime per l'aratro, e va dal fiume fino all'antico Olmo detto di Carlomagno, seguendo ivi il ruscello, ecc. la seconda contiene sei giornate di bosco, ecc., e la terza due di vigna.»

26

Non occorre narrare che alle parole: _Statuisco esser voi liberi_, il popolo fece tanto schiamazzo, che bisognò ricorrere alla tromba ed alla bandiera. Ma l'efficacia della tromba e della bandiera mal poteano reprimere i Viva Manfredo! Viva il nostro buon signore! Convenne al notaio rassegnarsi, e leggere quindi innanzi a brani ed a saltelli, ne' piccioli intervalli, in cui il popolo avea la compiacenza di ascoltare.

Finita la lettura, il Marchese discese dal seggio per firmare l'istromento, Berardo poi, con tutta la sua famiglia, essendosi avanzato per onorarlo, quegli non permise la genuflessione e li condusse verso la Marchesa, la quale alzatasi abbracciò amorevolmente le due donne.

Sottoscrisse pure, nascondendo i suoi fremiti, Villigiso, e firmaronsi come testimonii i seguenti fratelli di Manfredo: Guglielmo di Busca, Anselmo di Ceva, Bonifacio di Cortemiglia, Enrico di Savona, Oddone Boverio di Loreto. Ultimo firmossi il notaio _Willelmus de Manta_.

I _viva_ allora non ebbero più freno. Dalle botteghe, da' poggiuoli, dalle finestre, tutti coloro che aveano qualche tromba, o flauto, o piffero, o piva, o liuto, o tamburo, o campanella, si diedero spietatamente a suonare. Per alcuni minuti fu una musica infernale; finchè tutto quell'orribile caos si mutò, a poco a poco, in un certo ordine non ingrato; perocchè ogni sonatore s'accordò al generale prorompere della volgarissima canzone, con cui soleasi dalla moltitudine far plauso ai suoi signori.

Laus et honor Manfrido de Vasto,
 Filio quondam
 Bonifacii;
 Che vuol leve sul popolo il basto.
 Onde portans
 Domnum carum
 Trotti e ragghi di gioia e d'amor.
Quoniam, quando il bastone ed il basto
 Cruciant pellem,
 Cruciant ossa,
 L'infelice dall'omero guasto
 Male ragghiat,
 Malo trottat,

E il bussante rovescia talor.

Intanto che il rozzo inno dilettava o assordava gli orecchi, il drappello signorile con tutto il seguito calò al basso, e con istento avviossi alla chiesa di S. Chiaffredo, fendendo a mala pena la calca.
Entrati tutti in chiesa, e locatisi nei banchi, uscì un Sacerdote a celebrar Messa. Il Vangelo dicea la guarigione dell'infermo che non potea gettarsi nell'acqua salutare di Betsaida, quando l'Angelo del Signore scendea ad agitarla. Voltosi allora il Sacerdote agli astanti predicò: «Era forse l'infermo di Betsaida così bruttato d'iniquità, che non meritasse di venire aiutato da alcuno? Anzi è da credere che fosse giusto; giacchè Dio vedendolo abbandonato da tutti gli uomini, mosse egli stesso per consolarlo e guarirlo. Miseri i potenti che non ascoltano la voce di Dio, la quale grida in tutte le umane coscienze: abbi rispetto alla sventura! perchè è il patrimonio di Adamo e de' suoi figli! Ma a noi, o Saluzzesi, toccò un potente che dobbiamo benedire. Il suo maggiore desiderio è d'adoperarsi a vantaggio degli oppressi. Il fulmine caduto sulla onesta casa di Berardo, non gli fe' crollare il capo e dire: È giudizio di Dio! Egli abbassò il capo con dolore e disse: Qual è il giudizio di Dio su di me? Ed intese che il giudizio di Dio era: Soccorri all'afflitto! E gli soccorse; e quelli che erano precipitati senza colpa nella servitù, vennero redenti: i meritevoli d'onore, vennero onorati...» eccetera, eccetera.

Terminata la Messa, Manfredo confermò dinanzi all'altare le manomissioni de' servi, in questo modo. Li fece passare dalla mano di Villigiso a quella d'altr'uomo libero e dalla mano di questo a quella d'un terzo, poi dalla mano d'un terzo alla propria. Egli condusse allora la graziata famiglia alla porta della chiesa, e disse, accennando le diverse vie della piazza: «Berardo, Giovanna, Eriberto, Rafaella, io vi ho statuiti liberi: ecco le vie che conducono ai quattro venti; avete potestà di andare ovunque v'aggradi». Berardo tornò all'altare dicendo: «La nostra prima via sarà quella che conduce al Padre delle misericordie». Ivi il Marchese, e la Marchesa e il loro figlio parteciparono coi servi liberati al mistico pane, che affratella tutti i credenti.

Non occorre che descriviamo la rabbia di Villigiso. Straniero ad ogni generosità, non previde che il marchese gli avrebbe chiesto in grazia la vendita de' servi, affine di manometterli. Ora questa richiesta gli era stata fatta in presenza di dame e di cavalieri, al cui parere, egli ricusandola, sarebbe stato villano, inoltre, come vassallo ch'egli era bisognoso di protezione, niuna onorevole proposta del suo signore avrebbe avuto ardire di respingere.

Splendido convito fu dato nel castello per sì lieto avvenimento: le sale erano addobbate di magnifici arazzi e di serti di fiori. Ma la sala delle mense era decorata specialmente di un fregio carissimo in que' secoli guerrieri, cioè di copiosa collezione d'armi parte acquistate in antiche o recenti vittorie, parte comperate per lusso. Ad ogni desco due sole persone sedeano, e ciascuna di queste coppie era servita da un siniscalco e da un paggetto riccamente vestiti. Il primo desco era quello del principe e della signora; il secondo era quello del loro figlio con una zia, seguivano i rimanenti zii, e zie, poi altri maggiori personaggi, infine Berardo e Giovanna, Eriberto e Rafaella. In altra desinavano parecchi ufficiali del castello; ed ivi traevano a reficiarsi i trovadori e i giocolieri negl'intervalli, in che alternamente ristavano dal trastullare il festino signorile con suoni e canti e mirabili destrezze d'ogni sorta.

Ai deschi illustri regnava quella spontanea famigliarità che facilmente si genera fra pari, e fra i nobili e signori era allora condita d'eleganza più poetica che non fra i volgari. I poco esperti, come Eriberto e Rafaella, stupivano il bello di tali maniere, e s'abbandonavano, con silenzioso compiacimento, a considerarlo e gustarlo. Anche si maravigliavano di certa indefinibile dissonanza, che appariva ogni volta che i cavalieri e le dame volgeano la cortese parola agli ultimi due deschi. La parola era cortese; parea la medesima cortesia che usavano dame e cavalieri fra loro; eppure non era. Ma Berardo non istupiva gran fatto nè al poetico, nè al dissonante delle due cortesie; le quali egli conoscea da lungo tempo. Mentre con disinvolta riverenza rispondea alle graziose proposte de' maggiori, o con affetto coniugale e paterno rallegrava i tre volti a lui più cari, nascondea il cruccio che prova ogni uomo irreprensibile e veggente ne' cuori umani, che sa di essere odiato e sprezzato ne' giudizi secreti di più d'uno che gli sorride. Nè ignorava come i cosiffatti avessero approffittato de' suoi giorni d'umiliazione per deprimerlo proditoriamente con vili calunnie.

Finito il pranzo, le mense furono tolte e nella medesima sala, che era la più grande del castello, uno stuolo di gente travestita rappresentò con gesto e

29

cantò un'istoria non meno commovente che amena, nella quale si voleva alludere da lontano alla superata sventura di Berardo; ma volendo meglio salvare ogni decenza, il personaggio che ritraevalo significava un giovane longobardo, fatto prigione da' soldati del glorioso re Carlomagno. Supponevasi che molte menzogne fossero state scagliate da' maligni contro l'infelice; il quale non essendogli dato rintuzzarle, dal fondo del suo carcere cantava, in altre parole, questo lamento.

Cadde sopra il mio capo una sventura.
E il suo nome era: Fulmin di Regnante
E anni di ferro in atra sepoltura.
Ed io non dissi il flagel tuo pesante
Più che non merto; e il verme lacerato
Baciò l'impronta di tue sacre piante.
Ma un altro ne scagliasti; e fu chiamato
Stral di calunnia, e allor, gran Dio, perdona,
Se di te querelossi il dementato.
Ed esclamai:--Non è Dio che tuona
Su dalle sfere? E come va, gridai,
Ch'Ei vede il giusto oppresso, e l'abbandona!--
Empio era il grido; ma crudele assai
Più di carcere e morte è la ferita
Ch'ultima venne, e se mertata, il sai.
Dato preda a carnefici, ogni aita
Volsi dell'intelletto, onde immolata
Non fosse con la mia d'altri la vita:
E fra tutte una! E a questa era legata
L'anima mia con quanti dolci nodi
Amistà far potesse inviölata.
Se mai speranze, se promesse o frodi
Corruppero il mio cuore, al porto eterno
Ch'io mai della salute non approdi!
Or qual fu quello spirito d'inferno
Che, a miei dì più incolpati invidiando,
Sacri all'odio li volle ed allo scherno?
E per quale incantesimo esecrando
Color, che già m'amaro, all'empia voce
Gentilezza e pudor misero in bando,

E sitibondi alla calunnia atroce
Posero il labbro, e poichè furono empiuti,
La riversar con ebbrezza feroce?
Spietati! e non doveano incerti e muti
Almeno starsi, o chiedere ove indici
Fossersi in me di codardia veduti?
E i giorni miei più lieti e più infelici
Risposto avriano:--Ei non fu mai codardo!--
Nè smentirli poteano i miei nemici.
Or chi lo stigma raderà bugiardo,
Onde al mondo segnato è il nome mio?
Chi mi svelle dal cor l'infame dardo?
Ah! dalle nubi odo risponder:--Io!--
Ma quando, o sommo giudice? Deh, affretta,
Sì che a me più non maledica il pio;
E l'amico fuggito alla vendetta
Dell'aspro fato, e i figli a lui rapiti
Sappian qual di me son parte diletta;
E il padre mio e la madre, incanutiti
Per me nel pianto, alzin la fronte ancora;
Chè i lor capei non fur da me avviliti
Nè il saran mai, per quanto oppresso io mora.

I versi erano in qualche armonia co' pensieri di Berardo; sebbene diverse dalle calunnie, che corrucciavano il giovane Longobardo, fossero quelle che egli sentia pesare sopra di sè. Villigiso se n'accorse; perocchè vide gli occhi di Berardo ardere di magnanimo sdegno, mirando parecchi de' circostanti, e più se medesimo; e quelle occhiate lo conturbavano e gli crescevano l'odio.

La rappresentazione mostrò poscia il giovane, uscito di carcere e ritornato fra' suoi cari, ove, dimenticate le offese de' maledici, cantò un inno di consolazione.

Tutta la favola piacque assaissimo, particolarmente alle donne, delle quali la più intenerita era Rafaella. Ma la sua commozione nasceva dalle tristi peripezie del finto Longobardo, o dal fascino che spargeasi dall'arpa, dalla voce e dal ciglio del trovadore, che vestia quella parte? Sua madre la mirò e

31

impallidì. Anche il padre ed il fratello la mirarono, ma nulla scorsero: chè solo a pupille di madre non isfuggono i segreti delle dilette figliuole.

La brigata finalmente si sciolse. Tutte le balze e le valli saluzzesi si rallegrarono per due giorni della buona sorte di Berardo, per ricominciare al terzo ad eccheggiare di nuovo delle inevitabili mormorazioni dell'invidia, che non perdona ad alcun felice.

**Ritratto di Cesare Alessandro Scaglia di Verrua,
abate di Staffarda e Mandanici di Antonye Van Dick da:**
http://www.fermaz.it/van_dyck_4.htm

CAPO II.

Il Rapimento.

Non fu lunga la felicità di Berardo. I Milanesi erano in aspra guerra coll'Imperatore Federico I, detto Barbarossa, il quale avea deliberato di toglier loro le franchigie, che due anni prima egli stesso avea riconosciute per legittime. Alcune città lombarde parteggiarono per Milano; ma altre, per antica rivalità, e la maggior parte dei principi per debito di vassallaggio, tenevano per Federico: il quale, insofferente d'ogni opposizione e feroce per natura, dappertutto recava terrore ed esterminio. Già col ferro e col fuoco avea distrutto dalle fondamenta nobilissimi borghi ed intere città, come Chieri, Asti e Tortona: e vago di compiere in breve l'impresa, non cessava di chiedere
forti schiere a tutti i suoi feudatarii di Germania e d'Italia. Di che il marchese Manfredo desideroso di dare all'Imperatore valorosi soldati, e vago di rimunerare il valore che Eriberto avea mostrato contro Cuneo, inviollo in quella circostanza, capitano d'una squadra, al campo cesareo. Ma la partenza d'Eriberto fu cagione d'assai lagrime a' genitori e alla sorella: la quale piangendo per la partenza del fratello tremava pur molto per la vita d'un altro.

Questo era Ottolino, quel trovadore che rappresentò sì bene la parte del Longobardo. Ottolino figlio d'un guerriero oscuro di nascita, ma prode e amico già di Berardo, era amicissimo di Eriberto: ed educato come lui, nel monastero di Staffarda dall'egregio Abate Guglielmo. Da lui egli aveva imparato non solo a leggere e scrivere, due scienze rare in quel secolo, ma ad intendere ancora il latino dei libri sacri, dalla lettura dei quali avea ricavata un'idea elevatissima de' doveri dell'uomo verso Dio e verso il prossimo; il che conciliavagli la stima degli uomini gravi. Avea inoltre imparato a sonare, cantare e poetare con grazia inimitabile, il che lo rendeva amabile a tutti e gratissimo nei ritrovi.

Nelle feste della Regina degli Angioli Ottolino componeva a suo onore inni divoti; a Natale poetava, per la cara scena del presepio, le cantiche pastorali: nella settimana santa cantava le lamentazioni, ed a Pasqua gli alleluia, di che i monaci di Staffarda attribuivano sì bell'ingegno ad un favore

33

particolare di S. Cecilia, protettrice de' bei suoni e de' bei canti. Ai suoni gravi dell'organo Ottolino cominciò poi ad accoppiare le dolci armonie dell'arpa: e spesso nella selva cantava le sciagure de' cavalieri; il che alcuni dei monaci poco approvavano, dubitando forte che S. Cecilia si curasse molto di ispirare tali poesie.

Ma non si scandalizzava già l'Abate che ben conosceva il suo discepolo. Severissimo verso se stesso, egli era indulgente ad altrui e specialmente ai giovinetti, purchè non ne scorgesse malvagia la volontà.

Permetteva perciò ad Ottolino le canzoni cavalleresche: e sebbene i luoghi della selva, nei quali il giovane più amava d'arpeggiare, fossero i più cupi e quelli che aveano fama d'essere incantati, non gli vietava di frequentarli, e raccomandavagli di guardarsi dai ladri.

Uscito Ottolino, già da due anni, dal monastero, avea combattuto valorosamente contro Cuneo. Suo padre, spirando carico di ferite fra le sue braccia, gli avea consegnato il proprio ferro e dettegli questo parole: «Sii prode ma giusto; affinchè Dio faccia misericordia all'anima mia». Parole che egli ricevette nel profondo del cuore con viva credenza: sì che d'indi innanzi, anelando alle buone e prodi azioni, avea in mente il padre e offerivale in suffragio dell'anima sua.

Rafaella ammiravane in cuor suo la bontà e il valore ed affliggeasi di tutti i suoi pericoli; ma quando Ottolino mosse non più ai vicini campi di Cuneo, ma a guerra lontana e più tremenda, fu presa di sommo affanno.

Se non che mentre ella piangea questa sciagura, un'altra maggiore le sovrastava. Giacchè il sire di Mozzatorre struggeasi di vendicarsi di Berardo, e pensando che più crudele pena non potea cagionargli che coll'offenderlo nella figliuola, pensò di rapirla; ma rapirla in guisa che si perdesse la sua traccia, e i sospetti non potessero cadere sopra di lui. Meditate parecchie guise, scelse alfine la più malvagia: per le selve e pei monti circostanti viveano sparse fiere bande di ladroni, contro le quali s'erano spesse volte collegati indarno i cavalieri più generosi del vicinato. Vendeano essi l'opera, ogni volta che ne veniano richiesti dai baroni che senza parere voleano eseguire qualche iniquo fatto. La banda poi era composta per lo più di servi fuggiti dai padroni e d'avanzi di Saracini[3]. Villigiso dunque ne assoldò alcuni a lui noti come più audaci e destri, e commise loro che, scesi sulle rive del Po, ai campi di Berardo, ne incendiassero di notte tempo la casa, e ne rapissero la figliuola in mezzo all'agitazione ed al tumulto.

[3] Da più d'un secolo Robaldo conte di Nizza, Guglielmo conte di Provenza e Adriano III di Torino, aveano distrutto il nido dei Saracini in Frasinetto. Ma un piccolo resto di que' barbari, sfuggito allo sterminio, conservavasi qua e là sparpagliato. Alcuni campavano la vita coll'esercizio di qualche basso mestiere: e i più vagavano per le campagne, dando la buona ventura, medicando malati e rubacchiando, alla guisa dei zingari.

La cosa era pur troppo facile. Giacchè le abitazioni, in quel secolo, ne' contadi e nelle piccole città non solevano essere se non tugurii di legno, consolidati al più da pilastri di mattoni ai quattro angoli dell'edifizio. Le foreste poi si stendevano sì ampiamente, che il legno non costava quasi altro che la fatica di tagliarlo. Non è adunque a maravigliare che si preferisse per le abitazioni il legno ai mattoni ed alle pietre.

Di legno era pure la casa di Berardo, sebbene uomo agiato, amato dal principe, ed influente nel governo del paese. Simile quasi (in un ordine sociale assai diverso) a quegli antichi magistrati romani, che reggeano la repubblica e viveano ignari di lusso in umile tetto, poco diverso da quello dei loro servi.

Stavano una sera raccolti in immenso stanzone Berardo, Giovanna, Rafaella e parecchi famigli maschi e femmine. Una lampada pendeva da nera trave nel mezzo; un'altra illuminava l'uno degli angoli; e là sedeano le donne filando, e favoleggiando di paladini e di fate. Gli uomini passeggiando parlavano dei lavori di quel giorno e di quelli del dimani. In un subito tutti sono scossi da un grido improvviso: una parte della casa avvampava. Tutti volano al soccorso: ma le cure non giovano.
Un fiero vento dilata le fiamme: giacchè i ladroni aveano appunto scelta quell'ora per profittare del vento. Porre in salvo il grano e le suppellettili e al più qualche parte dell'edificio, è tutto ciò che Berardo può sperare.

A pochi passi trovasi un molino ed ivi è forza di trasportare Giovanna, la quale mezzo inferma non può reggere a tanta ambascia, Rafaella la segue: e le misere alle finestrelle del molino stanno alcun tempo mirando l'orribile spettacolo, e tremando per Berardo e pe' famigli che vedono qual sul tetto e qual su perigliose scale, qual balzare di trave in trave, qual avventarsi fra globi di fumo e di vampe. Quand'ecco un uomo prorompere nel molino e grida «Giovanna! Giovanna! venite fuori: Berardo vi chiama, soccorriamolo, soccorriamolo!» Giovanna e Rafaella, senza pensare ad altro escono spaventate--Dov'è? che gli accadde?--chieggono smarrite. «È qui, è qui!» dice il masnadiere, traendole in fretta con sè in aere accecato di denso fumo. Dopo pochi passi, egli afferra la giovane, la porta poco oltre ove un uomo a cavallo presala fra le braccia svenuta, sprona e si perde nella selva. Giovanna grida; corre qua e là; nulla scorge; ode il lontano scalpitare del cavallo, senza nemmeno distinguere per qual via esso galoppi. Le persone intente a smorzare l'incendio non odono le urla della desolata madre; la quale s'aggira delirante intorno alla casa che divorano le fiamme. Infine alcuni dal rovinoso tetto scorgono all'orribile riverbero delle fiamme una donna scapigliata, e odono le sue strida. I superstiziosi servi raccapricciarono, riputandola una fata malefica, od una strega attizzatrice del fuoco. Ma Berardo la riconobbe, e balzando tra fumiganti legnami corse a lei.--«Che fai tu qui? (gridò la povera madre) che fai tu qui? perchè non corri a salvare la tua figliuola?»--E narrò piangendo l'avvenuto.

Rafaella era stata portata semiviva nella rocca di Mozzatorre in Val di Vrusta, dove ne prendevano cura due selvagge ed odiose creature, il castellano Berto e sua moglie, che avevano avuto ordine dal padrone che trovavasi in Saluzzo di custodirla sotto buona guardia.

Rafaella era battuta da perigliosa febbre. I pochi detti che uscianle dalle arse fauci dirigeansi alla madre, or chiedendole aiuto, orpromettendole di soffrir tutto con pazienza, or pregandola di non piangere. Lo spettacolo dell'innocenza infelice sarebbe paruto venerando allo stesso Villigiso.

Come la fanciulla ebbe ricuperati i sensi e udì che essa trovavasi nel castello del nemico capitale di sua famiglia, fu presa da spavento.
Guardò uno de' finestroni della sua camera, e fu tentata di balzare da quello e precipitarsi; ma ne la rattenne la sua pietà verso i parenti.
Una smania irresistibile di rivederli premeala sì forte, che lusingavala, quasi presentimento ispirato dal Cielo. Ma se questo presentimento la tradisse? Oltre che lo stato di debolezza, in cui giacea, la rendeva proclive ad accorre

immaginazioni di spaventi, tutto ciò che Rafaella avea veduto di Mozzatorre, ponti, mura, fosse, cortili, scale, camere, tutto avea impresso quel carattere d'antico decadimento e di mal augurio, a cui facilmente si congiungono le idee più lugubri e più tetre! Le circostanze, la rapidità, l'agevolezza, con cui era stata rapita, non le sembravano proprie di vicende puramente umane. Il contrasto fra la nerezza d'animo di Villigiso e la grazia da lei spesso ammirata nella sua persona avea pure un certo che di mostruosamente dissonante. Un contrasto del pari singolare essa notava fra quella grazia di persona ed il lasciare il castello in sì lurida bruttezza, e porvi a custodia facce così ignobili. Nel mondo delle cose naturali, Rafaella non avea mai veduto tali disarmonie, e solo aveale udite accennare come opera d'inferno in racconti spaventosi.

Le si affacciava dunque continuamente il pensiero d'uccidersi, e quasi temeva che il non obbedire a quel pensiero fosse codardia. Ella ricordava quel Sansone acciecato che deriso da nemici e tratto nel Dagone s'inchinò a Dio e non all'infame idolo, e scossa l'una e l'altra colonna fra cui stava, procacciò la morte a sè ed a molte persone.
Ricordava Eleazaro che non temè di farsi schiacciare dall'elefante d'Antioco per trafiggere la belva, pensando così dar gloria a Dio, colla rovina dell'empio. Ricordava quel seniore di Gerusalemme, il quale piuttosto che esser soggetto a peccatori si lacerò largamente col ferro, e salito sopra una pietra afferrò con ambe le mani le proprie viscere e le gettò sulla turba invocando il Dio dominatore della vita, perchè a lui la rendesse nel regno de' giusti. Ignara del criterio onde vogliono essere giudicati que' biblici fatti, ignara della necessità di stare guardinghi nel trarre dagli esempii straordinarii le norme della nostra condotta, Rafaella s'accendeva la fantasia, giustificando in sè l'idea di terminare la vita per fuggire da incerti e perciò più temuti pericoli. Intanto Manfredo, sollecitato dall'imperatore di recarsi al campo; era partito di Saluzzo ed avea per buona ventura, imposto a Villigiso di seguitarlo.

Questi come tutti gli scellerati, mentre cercava di nascondere agli onesti le sue iniquità, pur s'affratellava in ogni luogo con qualche scellerato suo pari. Tal era un Barone pavese, il quale avea un castello sulla riva del Ticino, entro cui commetteva e lasciava commettere dai suoi compagni ogni sorta di tirannie. In quel castello pensò Villigiso di far condurre, per maggior sicurezza, la sua prigioniera. Era già a Rafaella motivo di stupore, che passasse l'un mese dopo l'altro senza che le fosse incolto altro danno, che la cattività e la lontananza dai genitori. Ella ne traea buon augurio. Quando un mattino il rozzo castellano Berto, zelante ed accorto esecutore di quanti delitti imponeagli il suo signore, venne ad annunciarle che facea d'uopo partire subito con lui, e con Tommasona sua moglie. Stupì Rafaella, e chiese dove fosse per esser condotta. Berto, che per aver minori impicci, amava di averla docile per via, prese a dirle che Villigiso, pentito del suo misfatto, lo incaricava di ricondurla ai genitori. Del che ella sarebbesi abbandonata al più vivo giubilo, se avesse potuto reprimere ogni sospetto d'inganno. Mostrò nondimeno di credere; e ad ogni modo non le spiacque di uscire dal castello, parendole che il fuggire per via non le sarebbe stato poi impossibile. Tommasona apparecchiò dunque in fretta le valigie; Berto con altri tre sgherri posero all'ordine i cavalli, e la comitiva fu in viaggio lo stesso giorno.

Cavalcarono quattro giorni schivando sempre i luoghi abitati; e Rafaella udiva spesso ripetersi che la distanza era grande, e che bisognava fare diversi giri; perchè la strada diretta era corsa dai ribelli Cuneesi e da malandrini. Ella dicea spesso a Tommasona:--Tuo marito non mi disse il vero: se tu lo sai, palesami, te ne scongiuro, ove si vada.—Perché questa, ammaestrata da Berto, mostrò alfine di lasciarsi strappare il segreto, e le disse che essa era difatto ricondotta ai suoi genitori: ma che questi erano stati costretti di mutar paese, perocchè Manfredo, pentito d'aver liberato Berardo, avea voluto rimetterlo in servitù; di che egli era fuggito oltre il Ticino. Soggiungea che il Barone di Mozzatorre, commosso dalla sventura di Berardo non avea resistito al desiderio di consolarlo col restituirgli la figliuola. Poteva Rafaella credere a questo racconto? Tornava i seguenti giorni ad interrogare quando la donna, quando Berto, quando gli altri. Tutti erano d'accordo fra loro e rispondeano la medesima cosa. Ma i loro volti annunciavano tal perfidia, che la misera tradita non quietavasi, ma dissimulava.

Dopo lungo e penoso viaggio furono al bosco del Ticino; donde il castello malvagio non era lontano più d'un miglio. Rafaella che aveva mostrato di credere tutto ciò che le si dicea, e che non aveva mai dato il minimo indizio di voler fuggire, veniva custodita con poco rigorosa vigilanza, principalmente allora che il viaggio era compiuto. Non l'avrebbero lasciata indietro due passi, ma non si sgomentavano se talvolta il suo cavallo precedeva d'alcun poco. Volle la Provvidenza che in uno di questi istanti, mentre il cavallo di Rafaella, era di qualche passo innanzi, il bosco fosse assai folto. Gli sgherri spronarono tosto ed erano per raggiungerla; ma la donzella era già balzata a terra e inselvavasi rapidamente. I suoi custodi scendono di cavallo, corrono da tutte parti, cercano, chiamano, minacciano, pregano. Tutto è vano. La snella fuggitiva udendo le voci ed i passi degl'inseguenti, correva senza strepito per viottoli oscuri: e tanto si scostò, che in breve non li udì più. Il che accadde perchè gli sgherri supposero falsamente che Rafaella fossesi volta indietro per ritornare verso il Piemonte; e smarrirono così più presto le sue tracce. Ella, ignara del luogo e altro scopo non avendo che di cercare gente dabbene che l'aiutasse, movea, sempre innanzi. Uscita finalmente del bosco e traversato un campo, chiese ospizio alla prima casa che incontrò. Villeggiava in essa una famiglia popolana milanese; la quale l'accolse benignamente con tutta la pietà e la riverenza che essa agevolmente seppele ispirare col patetico racconto dei suoi tristi casi. Felice Rafaella se tosto avesse potuto informare i parenti ch'ella era sotto tetto sicuro! Ma le comunicazioni a que' tempi non erano facili, considerata specialmente la guerra che fervea. Inoltre pochi giorni dopo l'arrivo di Rafaella, Milano toccò una sconfitta dagl'imperiali; sì che le famiglie milanesi, ch'erano in contado, dovettero fuggire entro le mura della città.

Due eserciti ognora struggentisi a vicenda, e ognor rinascenti, devastavano da parecchi anni le contrade lombarde. L'uno era composto di Milanesi, e d'oltre la metà degli altri abitanti di Lombardia, facendone parte popolani e nobili, liberi e servi, giovani e vecchi, moltitudine immensa. L'esercito, unito e ben raccolto nella prosperità, era facile a dissiparsi, ogni volta che la vittoria favoriva il nimico; ma facilmente si rannodava anche dopo che pareva pienamente disperso ed annientato. Il disgregarsi dell'esercito nell'avversa fortuna proveniva dalla premura che ciascuna schiera aveva di scampare la propria vita, senza badar molto in tali frangenti alla causa comune.

L'esercito imperiale era pure formidabile. L'Imperatore ed i Conti palatini, Ottone e Corrado, davano l'esempio agli altri principi tedeschi, traendo dalla Svevia quanti più armati poteano. Il Langravio cognato di Barbarossa, Arrigo detto il Leone, duca di Baviera, Arrigo d'Austria, Guelfo il giovane figlio di Guelfo duca di Toscana, Vladislao di Boemia, l'Arcivescovo di

Bologna, Rinaldo arcicancelliere, l'Arcivescovo di Magonza Cristiano, e altri valentissimi cavalieri gareggiavano nel numero de' combattenti che traeano da' loro feudi. Onore ed avidità di preda teneali uniti quando fortuna loro sorridea; ma anch'essi ne' giorni infelici, si sbandavano spesso, per le soverchie rivalità de' capi, i quali davansi l'uno all'altro la colpa delle sconfitte, e venivano a frequenti duelli, per puntigli cavallereschi. I feudatarii per lo più voleano tornare a casa colle loro schiere al chiudersi d'ogni autunno; e così, dopo essere talvolta ripatriati colla fiducia che il nemico non potesse più ergere la testa, lo trovavano ben in armi al ritorno, essendo bastato l'inverno a ristorare l'audacia dei vinti. Uniti colle schiere imperiali pugnavano molti feudatarii italiani, ed i popoli di Pavia, di Cremona, di Parma e d'altre città nemiche di Milano: ragioni simili a quelle accennate per gli avversarii produceano i medesimi effetti.

Ma le vicendevoli offese, accanitamente ripetute per tanti anni, aveano alfine spinto il furore ad eccessi inauditi. L'esacerbazione della parte imperiale era proporzionata a quella de' Milanesi. Non più saggio di speranza al pacifici; non più misericordia a feriti, a spogliati, a donne, a vegliardi, a fanciulli. Se alcuno invocava i nomi santi di pietà e di religione, s'udia rispondere da ambi i lati:

--«Noi non fummo i primi a dimenticarli». Qua rampognavasi a' Milanesi il soggiogamento di Como, la distruzione di Lodi e molte altre violenze contro i minori, e il dileggio de' più sacri diritti ovunque speravasi impunità. Là giuravasi che il primo a non curare i diritti era stato Barbarossa. E questi infatti, sin dal 1155, primo anno della guerra, facea legare i prigionieri alle code dei cavalli: incendiava Rosate, Galliate, Trecate e Mommo, e celebrava con inverecondia allegria le feste di Natale sulle rovine di quegli infelici paesi; indi invaghitosi della distruzione, riduceva in cenere popolose città come Asti, Chieri e Tortona. Mosso poi contro Spoleto decretava parimenti che vi s'appiccassero le fiamme; nè per rattenerlo vi volle meno dello straordinario potere che sant'Ubaldo, Vescovo d'Agubbio, esercitò sopra di lui ispirandogli, non si sa se compassione, di cui nè prima nè dopo si vide capace, ovvero terrore di divino castigo. Dopo la pace conceduta nel 1158 ai Milanesi, con l'accordo che conservassero il Seprio e la Martesana, Federico rioccupò quelle terre, vietando loro inoltre che tenessero più consoli, e volendo loro imporre un podestà; il che fu cagione di nuova guerra. Nell'assedio di Crema egli fece poi atroce pompa di crudeltà, legando gli ostaggi Cremaschi ad un castello di legno, su cui gli assediati per difesa scagliavano con mangani tempeste di pietre; cosicchè i padri dovettero, per salvare la città, schiacciare i loro figliuoli. Queste ed altre crudeltà quinci e quindi esercitate cresceano gli odii e inasprivano la guerra.

Commise allora Federico un errore che assai contribuì a crescere il coraggio nel campo nemico, e fu poscia cagione per lui di rovesci e di sventure. Fittasi nella mente l'idea dell'impero universale del mondo, egli avea trovato nel Pontefice Adriano IV una insuperabile opposizione all'adempimento di un disegno sì strano e sì ingiurioso ai diritti degli altri principi cristiani. Ond'egli era venuto in pensiero di collocare nella sede di Pietro un Pontefice che fosse ligio ai suoi voleri o almeno non resistente. Morto pertanto a quei dì Papa Adriano, Federico mise gli occhi sopra il Cardinale Ottaviano, uomo ambizioso, e che se gli era mostrato oltremodo devoto fin dalla sua prima venuta in Italia.
Spediti dunque a Roma suoi Commissarii brigò col Clero e col popolo, acciocchè venisse eletto il suo favorito. Ma Dio irrise le sacrileghe arti; ed il Cardinale Rolando, uomo venerando per virtù e per senno venne assunto, benchè renitente, al supremo pontificato, e prese il nome di Alessandro III. Due soli fra gli elettori si piegarono al volere di Cesare e separatisi dal suffragio di tutti gli altri nominarono Papa Ottaviano; il quale ebbe l'impudenza, allorchè vide eletto Alessandro; di volergli strappar di dosso il manto Pontificale per cingerlo a sè; ed essendone impedito dal Senatore che glielo tolse di mano, divenuto quasi frenetico si fe' portare un'altra cappa che tenea preparata, ed indossandola in caccia e in furia, e non trovando l'uscita del cappuccio, se la vestì ponendo il davanti all'indietro; il che mosse a riso gli astanti e fe' dire ai Cattolici che egli era Papa a rovescio.

Ora Federico s'incaponì a sostenere le parti dell'antipapa; il quale, assunto il nome di Vittore IV, era stato, in un conciliabolo tenuto a Pavia sotto gli auspicii dell'Imperatore, riconosciuto da molti Vescovi, e sperava, colla medesima protezione imperiale, ridurre tutta la cristianità alla sua obbedienza. Senonchè la più parte dei prelati italiani, saputa la verace elezione d'Alessandro stettero per lui, e tra questi primeggiava l'Arcivescovo di Milano. Il che accresceva animo ed ardire ne' petti de' Milanesi, i quali vedevano in Federico il nemico della patria e della Chiesa; e d'altra parte aizzava vie peggio nel cuore del furibondo Principe gli sdegni, credendo egli di combattere contro sudditi doppiamente ribelli.

41

Tal era lo stato delle cose, quando essendo stati i Milanesi vinti in campo aperto, la famiglia che ospitò Rafaella dovette con tutto il popolo del contado chiudersi dentro le mura della città contro cui avanzavasi l'Imperatore.

Manfredo primo duca di Saluzzo da:
http://it.wikipedia.org/wiki/Manfredo_I_di_Saluzzo

CAPO III.

La lieta novella.

Trasportiamoci ora per alquanto al fianco de' genitori della fanciulla. Sull'arsa casa un'altra in pochi mesi era sorta, dove i meschini viveano nel dolore. Giovanna diceva a Berardo: «Ov'è ita la pretesa gratitudine del Marchese? Non confessava egli averlo i tuoi consigli liberato da molti errori, e da molti rammarichi? Non rampognavati, perchè non accettavi la proposta di vivere con lui? Non pareva tenero della tua felicità come della sua? Ed ora egli c'invola il figliuolo: egli non cura di scoprire ove sia la povera Rafaella. A chi spettava di fare questa indagine se non al nostro signore, a colui che ostentava tanto ardore per la giustizia e tanta grazia per te?»

--Non mormoriamo troppo del nostro signore, dicea Berardo. Se egli non avesse dovuto partire per l'esercito, l'avremmo veduto adoperarsi più caldamente per sapere la sorte della figliuola nostra. Quelli che restarono al governo del marchesato curano poco lei e noi; essi anzi mi odiano perchè non li ho mai adulati e li costrinsi talvolta a cessare, o a nascondere le loro opere malvagie.

--Oh Berardo! m'avessi tu ascoltata, quand'io ti dicea di non ricusare il gonfalone offertoti da Cuneo! Qual frutto godi della tua fedeltà al Marchese? Dal canto di lui una superba degnazione di chiamarti amico per giovarsi de' tuoi servigi ed obbligar te ad eccessi d'obbedienza. Dal canto degli altri Baroni del paese, invidia, affettato disprezzo, colleganza a danneggiarti. Ed ahi! niuno può tormi di mente essere il rapitore di Rafaella uno d'essi, ed esaltarne gli altri sapendolo e tacersi.

--Moglie mia, il frutto colto dalla mia fedeltà è pace di coscienza. Perchè abbondano oggi la ribellione, e gli uomini che le approvano, non però sarei da approvare io, se amato e beneficato da un principe ch'è tra migliori di questo tempo, mi ponessi fra' suoi nemici. Giovanna, il dolore travolge i tuoi pensieri. Tu dimentichi che, non ha guari, Manfredo mi salvò dall'ignominia liberandomi di schiavitù.

43

--Oh Berardo! e chi può dimenticare tanto scorno? Doveva egli permetterlo, affine di tenderti poi la mano dopo averti lasciato gettare nel fango?

--Donna, il tuo linguaggio nasce da anima esacerbata. Non voglia Dio recartelo a colpa; nè tel reco io, chè m'è nota la tua cristiana pietà. Ma, per serbarci innocenti, non concediamo al labbro questi sfoghi. Essi accrescono lo scontento, inaspriscono le piaghe del cuore, e ne inducono ad essere ingiusti nel giudicare gli altri per darci l'infernale soddisfazione d'odiarli. Ciò che può dirsi dei cattivi principi, io, senza ingiustizia, non posso dirlo di Manfredo. E ov'anco errassi nel buon giudizio che fo di lui, pensa, o moglie, che non tutti i doveri degli uomini sono eguali. Poniamo che migliaia d'uomini fossero pure a diritto nemici a Manfredo, io da lui fui beneficato, sarei ingrato e vile se loro mi congiungessi.

--Certamente io venero la santità de' tuoi scrupoli. Ma quel Manfredo, per amore del quale non volesti abbandonare questo paese, sì fecondo per noi di sciagure, e t'esponesti all'obbrobrio d'essere dichiarato servo, quel Manfredo cacciò barbaramente il nostro figlio in guerre lontane donde forse non ritornerà più, o ritornerà quando noi saremo morti. E quando ne venne rapita Rafaella, qual uso fec'egli del suo potere, per trovarla e restituircela? Io non lo accuso di altre colpe ma piango teco i nostri unici sostegni, ed egli non cura il nostro pianto.

Spesso così si lagnava la desolata madre, e così Berardo studiavasi di consolarla. Ma questi stesso, quantunque affezionato al suo signore, e fermo a tutto piuttosto patire, che accettare le proposte de' Cuneesi, non potea nell'intimo dell'animo suo approvare la condotta del Marchese.
E dicea spesso fra sè: «No, egli non mi rende amore; egli non sa verso di me discendere dall'altezza su cui siede, se non quando crede ch'io possa aiutarlo; egli non sa porsi ne' panni d'un umile suddito e compatire le sue afflizioni e studiarsi di consolarlo. Egli non dovea tormi il figlio mio; nè partire di Saluzzo, senza aver fatto le più diligenti indagini per restituirmi la figliuola.»

Malgrado l'occulta amarezza, non parlava però male di lui con alcuno, e lo difendeva quand'altri, chi che si fosse, lo accusava. Nè la sincera devozione di Berardo al suo signore, parea bassezza a veruno, e nemmeno ai più caldi

44

partigiani della ribellione. Era il suo un affetto così puro, così radicato ne' suoi principii d'onestà e religione, che niuno, ancorchè pensasse altramente, potea vituperarnelo.

Quindi molti de' Cuneesi non cessavano di tentarlo perchè loro s'unisse; chè niuno in que' paesi godea tanta fama di senno: e speravano che, se acquistassero tal magistrato, egli reprimerebbe col suo credito le infinite discordie che li laceravano; flagello ordinario de' governi popolari, e spesso fatale nei loro cominciamenti.

Imperversavano quelle discordie orrendamente in Cuneo, e nelle altre città ribellate; il che era cagione che altre città si tenessero fedeli agli antichi signori per non cadere in somiglianti dissensioni. Inoltre nei reggimenti consacrati dal tempo le forme, benchè barbare, del Governo erano rispettate, sì che l'ingiustizia stessa parea eroismo, incuteva rispetto, o al più generava odio non disgiunto da rispetto ma quasi mai odio unito a disprezzo. All'incontro nei reggimenti nuovi la maggioranza plebea distruggeva quell'esterna dignità di che i nobili soleano circondare la condotta delle cose pubbliche. La favella de' nuovi magistrati sonava rozza come i loro costumi, scurrile come i loro soprannomi, i quali erano oggetto di non poco riso comune. Chi chiamavasi Cordaccio Beffasomari, chi Azzo Spezzaganasce, chi Simeone Leccapiatti; chi, dopo essere detto Cuocipani, Acconciafatti, Capoleone, venia trasformato buffonescamente in Castracani, Scorticagatti, Pelavicini, Colleone, Collione e peggio. Le Cronache italiane sono piene di siffatte sconce denominazioni, nobilitate talvolta dalla virtù degli eroi che le tramandarono, ma non per questo men vili nei loro principii.
La quale volgarità di nomi e di maniere manifestantesi ad ogni tratto e ridicola a giudizio de' signori, spiaceva a non pochi ancora di nascita oscura, ai quali perciò la ribellione, benchè potesse recare qualche guadagno, sembrava tuttavia un indegno affratellamento co' più abbietti.

Ignoriamo fino a qual segno questi ed altri motivi operassero sopra la mente di Berardo. Ma il fatto si è che poco egli amava i governi plebei. Nè per questo odiava coloro che per essi parteggiavano; nè rigettava dalle sue braccia il Cuneese statogli amico altre volte; nè ricusava aiuto a chi fuggiva la persecuzione d'un Barone e s'avviava a Cuneo.

Egli nascondea i feroci sventurati sotto il suo tetto, e se potea recarli a sentimenti di perdono verso il nemico potente, s'adoperava volentieri, e talvolta la mediazione di Berardo era efficace.

Concorde alla condotta di Berardo era quella di Guglielmo, Abate di Staffarda, consolatore unico degli infelici genitori d'Eriberto e di Rafaella. Questo venerando vecchio era seguace e discepolo di san Bernardo; e come il suo maestro, avea l'animo intimamente penetrato da questa massima, che la somma della virtù evangelica si riduce a un santo e vero amore di Dio e del prossimo. Severo contro sè solo, non lusingava la malvagità d'alcuno, ma compativa le miserie di tutti. Egli invitava tutti all'indulgenza ed alla compassione, Baroni verso sudditi, sudditi verso Baroni, seguaci d'una bandiera verso seguaci di un'altra, e diceva la società umana essere per necessità divisa in condizioni diverse, e a vicenda contrarie, e poter tuttavia in tutte le condizioni e sotto tutte le bandiere avervi intento, se non retto, almeno perdonabile per involontaria ignoranza.

Studiosissimo dei libri di S. Bernardo, ne' quali si ammira sì soave dolcezza, egli vi scorgeva un grado di carità ancor maggiore di quella che pare dalle sole parole scritte. Perocch'egli leggendoli, riproduceva nella memoria e l'inflessione di voce del Santo ed i gesti, e gli sguardi, e conoscea per intero ciò che questi, usando tali espressioni, sentiva. Con eguale consenso coll'amantissima anima del defunto maestro, egli studiava le divine Scritture, e ne insegnava il diritto senso, non solo a' suoi monaci, ma a parecchi giovani che erano educati nel monastero, benchè non destinati alla vita monastica.

Da lui erano stati educati Eriberto ed Ottolino; nei quali egli avea posto un affetto singolare, per le esimie doti d'ingegno e di cuore che in loro avea scorte. Da lui si potrebbe dire essere stata educata pure Rafaella, poichè egli aveva assai cooperato al modo con cui era stata da' genitori allevata. Aveale poi insegnato egli medesimo a leggere; il che non soleasi imparare allora da veruna figlia d'arimanno, e nemmeno dalla più parte delle figlie dei cavalieri.

L'Abate era il benefico consolatore di Berardo e di Giovanna; ed ogni volta che, per qualsivoglia motivo, dovea stare lungo tempo lontano, le sventure si sentiano da que' poveretti a mille doppi. Forse, s'egli non fosse ito a

Genova per abboccarsi con Papa Alessandro, o se fosse ritornato prima della partenza d'Eriberto, egli avrebbe consigliato al Marchese ciò che non avea osato Berardo. «Lasciate Eriberto a' suoi parenti, avrebbe detto il savio monaco, egli è il bastone della lorovecchiaia». Forse ancora il suo consiglio avrebbe giovato a promuovere in tempo la ricerca di Rafaella. Ma ora Guglielmo non può che ricordare il dovuto ad altri, e alleggerire il peso delle tribolazioni di Berardo e di Giovanna, compiangendoli e visitandoli sovente. Ogni volta che il cane sdraiato attraverso la porta manda un dimesso latrato di gioia, poi si leva e dimena la coda, Giovanna, a cui tosto batte il cuore, «S'avvicina persona che il vecchio Moro conosce» e s'affretta alla finestra, non osando soggiungere «Chi sa che non sia Rafaella?»

--Sarà l'Abate, dice tosto Berardo cercando d'impedire in lei quella subita speranza, che delusa vieppiù l'amareggia.

E allora Giovanna angosciata del disinganno, ma procacciando di non lasciarsi scorgere, dice: «È il nostro consolatore; Dio lo benedica!»

E gli vanno incontro, e lo introducono in casa, e prendono il bastone ed il cappello. E dopo averlo fatto sedere nella seggiola grande, e aver parlato della salute e di altrettante cose, con cui si cominciavano anche allora le conversazioni, aspettano se nomini Rafaella: ed egli avvedendosi del loro desiderio nè potendoli altramente consolare, la nomina; ma non dice cosa alcuna della sua sorte presente.

--Niuno sa dunque dove sia la poveretta! sclama allora Giovanna, prorompendo in lagrime. Io non la vedrò più? io non udrò più mai quella voce, ch'erami una benedizione ogni mattina, e che ora aspetto invano ogni sera? Ahimè! che senza averla udita, il letto non mi porge riposo, ed i rari sonni al paro delle veglie sono piene d'ambascia. Oh Abate! Voi che siete caro a Dio, non vi stancate di pregarlo che ci renda la figliuola.

--Povera madre! dicea Guglielmo, asciugate il vostro pianto; Dio ci ama tutti, e non ci abbandona, anche quando non ci esaudisce. Egli, che volle vivere su questa terra di dolore e nascere di donna, conosce le ambasce di tutte le madri, le addolcisce col dono della pazienza, e s'apparecchia a rimunerarle con alte consolazioni. Non è possibile che miri le vostre con noncuranza. Egli ch'è così buono non ci lascia patire se non quando vede che i patimenti possono valere a migliorarci.

Preghiamolo ancora; e un dì gioiremo d'aver patito, perocchè vedremo che il tempo della tribolazione fu quello in cui lo invocammo con più fervore.

Le ragioni di Guglielmo erano semplici, Giovanna le avea udite mille volte. Ma è proprio delle parole sante specialmente se profferite da uomo venerando, di portar persuasione nelle anime pie e di rassegnarle a patire. Oh quanto sono benefiche tali parole ripetute dal buon Abate alla misera madre! Quanto sono dolci ancora a Berardo, che sebbene simuli pace, è divorato talora da viva ambascia e solo ritrova pace veramente quando il santo vecchio è entrato sotto il suo tetto!

Almeno s'avessero frequenti novelle d'Eriberto; ma rade sono, apportatrici per lo più di timori. Ora s'ode che fu leggermente ferito, e dubitasi che il nuncio sia infedele ed attenui per compassione la gravità del caso. Ora s'ode che meritò onore per la sua prodezza, e paventasi non forse questa prodezza gli sia stata fatale. Ora si narra ch'egli ed Ottolino sono ognora scudo l'uno dell'altro, e prevedesi che, se Ottolino cadesse fra lance nemiche, Eriberto arrischierebbe disperatamente i suoi giorni per salvarlo.

Una volta venne notizia che il giovane Duca Guelfo, cugino dell'Imperatore, dilettato sommamente dai canti d'Ottolino, desiderò d'averlo tra' suoi famigliari, e pregò il Marchese Manfredo di volerglielo cedere insieme col suo compagno indivisibile Eriberto.

Manfredo avea appagato il Duca. Essere al servigio di tanto Signore potea sembrare fortuna; se non che i guerrieri di Manfredo se sopravvivono alle battaglie, torneranno a Saluzzo; ma potrà Eriberto sciorsi facilmente dal preso servigio? L'amistà sua per Ottolino, se questi s'avvince agli stranieri, avvincerà anche lui; nè più sarà sollecito de' genitori, se non forse quando piangerà sulla trista loro tomba!

Ammalò Giovanna, e fu presso a morte, nè poi risanando potè riacquistare, fuorchè in poca parte, le prime forze. Un giorno, che sorretta dall'una parte dal marito, dall'altra dall'abate di Staffarda, usciva, dopo molti mesi d'infermità, per rivedere il lieto aspetto delle campagne, illuminate dal sole, sedutasi sopra una pietra, vicina alla porta, udì abbaiare il cane, e disse mestamente:

--Qualcuno s'appressa, ma non è persona conosciuta dal vecchio Moro.

--E tuttavia può essere amica, disse Guglielmo.

Vedono avvicinarsi un viandante, il quale dalla strada volgeva verso la casa di Berardo, e pareva esitasse, quasi ignaro se quello fosse il luogo ch'egli cercava. Questi allora andogli incontro e disse:--Siate il benvenuto viaggiatore al tetto di Berardo della Quercia.

--Viva Dio! Voi siete appunto quegli, che io cerco.

Berardo s'accorse dalla pronuncia che il viandante era un ebreo, e gli dimandò che bramasse.

--Bramo che la mia venuta vi porti quelle gioie del cuore che io non posso più gustare sulla terra. Perocchè Dio m'avea dato tre figli ed una figlia. Due figli vidi spirare nel loro letto; il terzo perì in battaglia; la figliuola mi fu involata da' Saracini e dopo averla cercata dieci anni, seppi che il suo tiranno l'avea trucidata.--S'asciugò una lagrima e soggiunse: Felice voi, Berardo! vostra figliuola vive.

--Che dite? Ella vive? La mia Rafaella? Dove?

L'ebreo non s'affrettava a rispondere, temendo che l'impeto della letizia non ispezzasse quel cuore paterno. Egli mirava da lontano Giovanna, e pensando essere forse quella madre, chiedeva a sè stesso se quella donna sì scarna e sì pallida potesse sostenere un annunzio di sì grande consolazione. Egli voleva quindi frenare l'impazienza di Berardo.
Ma questi instava dicendo--Dov'è mia figlia? Ve ne scongiuro, deh parlate!

E Giovanna che vedeva il marito fare di gran gesti, aguzzava l'occhio e tendeva l'orecchio, e dicea, palpitando, a Guglielmo:--Che sarà mai?

--Quetatevi, dicea Guglielmo: non vedete che egli è allegro? Il pellegrino gli portò buona notizia.

Giovanna non potendo contenersi, si levò in piedi, e pregò Guglielmo di reggerla per avvicinarsi più presto ai due interlocutori.

--Berardo! disse con voce fioca, Berardo! Per pietà, se hai nuove della figlia, non farmele aspettare!

--Vive! Vive! gridò, ebbro di contentezza, il buon padre.

--Vive? Tu dici che vive? chiedeva affannosamente Giovanna.

E fatta certa che non s'ingannava, lasciò il braccio dell'Abate, e s'inginocchiò nella polvere piangendo e ringraziando Dio.

Nel suo entusiasmo di gratitudine, ella non voleva rialzarsi e diceva:--Quel pellegrino è un Angelo del Signore. A me s'aspetta ascoltarlo, prona a suoi piedi; io non leverò la faccia sopra di lui.

--Mi chiamo Melchisedecco e sono un povero ebreo, disse quegli. Alzatevi, o donna, e degnatevi solo di non mirarmi con odio, sebbene di razza sciagurata. Io vidi Rafaella; ed è sana, ed è in casa di amici; Dio la salvò da grandi pericoli.

--Ah, quantunque ebreo voi siete mandato da Dio, esclamò Giovanna alzandosi, e mirando per la prima volta senza ribrezzo un giudeo.

I tre uomini la ricondussero a casa mezzo svenuta per troppa letizia, e i servi accorsero per soccorrerla, e quando ebbe riacquistato i sensi rimasero ad udire ciò che Melchisedecco stava per narrare di Rafaella.

Egli andava un po' per le lunghe, e cominciò a dire chi egli fosse: un nativo del ghetto di Torino; un ramingo da lunghi anni per diversi paesi: un poveretto, stato spogliato e martirizzato dieci volte da masnadieri; un servitore fedele di tutti coloro che lo pagavano onestamente; un osservatore scrupoloso della legge, benchè sotto spoglie di cristiano, ch'egli fingeva affine d'andare più illeso da violenze.

Si sarebbe, certo, risparmiato quel travestimento, se avesse saputo che non potea aprir bocca senza farsi conoscere, dalla pronuncia, per quel ch'egli era.

Quando gli parve che gli animi fossero abbastanza preparati, trasse finalmente dalla bisaccia una grossa lettera, e dandola a Berardo disse:

--Io taccio: qui parla la vostra stessa figliuola.

Nuovo giubilo, nuova ansietà, nuove lagrime. Guglielmo che aveva voce più ferma, lesse. Narrava Rafaella il suo ratto e i giorni vissuti in Mozzatorre, ed il viaggio, e la fuga, poscia proseguiva:

«Il generoso che m'ha raccolta è un vecchio cittadino per nome Berengario da Sant'Ambrogio. Sua moglie Alberta mi ama con tenerezza di madre. I loro figliuoli sono sotto le bandiere di Milano. Tutta gente sì onesta, ch'io ne fui per molti giorni come rapita. Una esemplare pietà regna in questa casa. Io ascolto messa ogni mattina con Alberta. So che l'Arcivescovo di Milano e tutto il suo clero furono scomunicati da Vittore, ma qui tiensi con sincero animo che Vittore sia antipapa. Per certo la scomunica di Vittore non vale; chè assistendo io alla Messa provo sempre una grande consolazione, il che non credo che potrebb'essere se il sacerdote che la dice fosse uno scomunicato. In chiesa m'inginocchio ognora a sinistra di Alberta, come faceva allato della mamma, e pregando la guardo spesso come altre volte guardavo la mamma: e rammentando questa piango; ma il pianto che si versa in chiesa è pieno di dolcezza. Oh amati genitori! io anelo di tornare fra le braccia vostre. E tremo nondimeno immaginando il padre per via, in questi tempi di ladri e d'eserciti. Berengario ed Alberta dicono che dovete lasciarmi qui sino a giorni più tranquilli. Ma verranno tali giorni? E quando? Ed ahimè se Milano, come già si paventa, venisse assediata! E che diverrei, se i nemici entrassero, atteso il giuramento che dicono fatto dall'imperatore, già volgono due anni, di non riporre la corona sul capo, finchè Milano non sia distrutta, e spersi gli abitanti? Oh me infelice! Eppure sento che nel mio tremore, pavento meno per me che pel lutto che ne provereste. Poichè se l'ora della morte viene, Iddio dà la forza di sostenerla.»

Ad altri passi la commozione degli ascoltanti avea già interrotto più volte la lettura, ma Guglielmo si mantenea senza lagrime. A questo passo si coperse la faccia e pianse anch'egli, supplicando in silenzio che se la rovina di quella città dovesse accadere, qualche Santo prendesse pietà di quella derelitta, e la salvasse. Indi continuò la lettura: «Se il trarmi a casa non fosse possibile, non però v'addolorate. Ho patito molti affanni e l'esperienza m'ha insegnato che Dio non abbandona coloro che patiscono e pregano. Ho cercato notizie di Eriberto da alcuni prigioni. Non seppero darmene. Le schiere imperiali sono sì numerose, che nemmeno i capitani maggiori sono conosciuti da tutti. Se voi avete contezza del fratello, ed il padre non può venire, piacciavi di darmene notizie con vostre lettere o con quelle del venerando Abate. Melchisedecco promette d'essere qui di ritorno da Cuneo, fra poche settimane». La lettera finiva così: «Se non potete recarmi altro aiuto, ricordatevi almeno di me tutti, nelle vostre orazioni!» Dove gli astanti, compreso l'ebreo, concordemente gridarono: Sì tutti, tutti.

E l'Abate, alzando allora solennemente la commossa voce, incominciò il bel salmo di Davidde:

--Il Dio nostro è rifugio e virtù; aiutatore nelle tribolazioni, le quali vennero molte sopra di noi.

--Perciò non temeremo s'anco si turbi la terra, e se i monti si rovescino nel cuor dell'oceano.

--Dio è in lei, e non sarà crollata. Dio l'aiuterà all'albeggiare d'un prossimo mattino.

La lieta notizia della salvezza della figliuola aveva oltre ogni dire rallegrati gli animi di tutti; sì che Berardo e Guglielmo stringeano la mano di Melchisedecco, e Giovanna dimandava al Signore di rimeritarlo della sua buona opera, traendolo alla luce del Vangelo.

Melchisedecco, dopo aver goduto anch'egli della gioia di cui era stato apportatore accettò un piccolo ristoro; ma quando vide offerirglisi una borsa, stese in prima così un poco la mano; poi subito ritraendola, disse ch'era giorno di sabato e non potea prendere denaro. Le istanze furono vane.

Partì per Cuneo dov'era spedito da' Consoli di Milano, e disse che al ritorno ripasserebbe.

Quel giorno sì pieno di dolcezze fu amareggiato dal timore, che poscia destarono i ripetuti deliquii di Giovanna, la quale avea tanto esultato e lagrimato, che le sue forze erano esauste. Il dì seguente ella era ancora indebolita per modo, che Berardo non potea formare pur un istante il pensiero di lasciarla per volare, come avrebbe desiderato, a Milano.

L'Abate ciò vedendo gli disse:

--Quella figliuola convien trarla assolutamente di Milano, e presto: il pericolo dell'assedio stringe troppo. Voi non potete scostarvi dal fianco di questa inferma. Dunque andrò io a Milano per avere Rafaella e porla in un Monastero di Novara, ov'è badessa una mia congiunta. Di là poi la faremo ripatriare, come i furori della guerra sieno scemati, e le strade sieno più sicure.

--Non fia mai, disse Berardo, che in tempi si sventurati e per istrade così infeste vi poniate in rischio voi di tanto più attempato di me, e in questi freddi di Febbraio!

--Perchè, rispose l'Abate, fate voi sì poco conto delle mie forze?
Perchè sono alquanto più vecchio di voi? Ma se le membra hanno il vizio di tremolare, l'animo non mi trema, sapete!

Berardo e Giovanna aveano qualche rimorso di consentire al viaggio dell'Abate. Ma egli fu costante nel proposito; gli diedero dunque una lettera per la figliuola e per Berengario da Sant'Ambrogio, ed egli, accompagnato da sospiri e da benedizioni, partì.

Federico Barbarossa in una miniatura medievale tratta da:
http://it.wikipedia.org/wiki/Tortona

CAPO IV.

L'Assedio.

Il viaggio di Guglielmo fa più lungo e più aspro di quello ch'egli non aveva immaginato, sì difficili erano le vie, sì deserti i paesi, sì frequente il bisogno d'avviarsi a lontani borghi laterali, per trovar cibo ed alloggio, e per evitare poderose masnade. Giacchè molti erano i disperati, che avendo tutto perduto nella guerra preferivano di combattere per proprio conto, anzichè servire ad

54

altra causa. La comune avidità poi di rapina e la stima che a vicenda si concedono i gagliardi, congiungeva loro gran copia di disertori tedeschi, boemi e burgundi ed anche alcuni ferocissimi saracini.

--Oh scellerato secolo! (dicea frate Uguccione, cavalcando a sinistra del suo abate). Scellerata voglia di grandeggiare! Indizio pur troppo, non è a dubitare, della vicina fine del mondo. Ed infatti se questa fine non dovesse venire presto, qual sarebbe la triste sorte delle generazioni venture? Non più timor di Dio, non più obbedienza, non più carità del prossimo! Insidie, frodi, depredamenti, stragi da ogni parte. Ah! Dio ne scampi da siffatti tempi!

--Dio ne scampi, quando gli piaccia, da tutti i tempi dicea sorridendo l'abate. Chè tutti i tempi abbondano sempre più o meno di disgrazie pel mondo.

--Oh! eppure io vissi tanti anni ignaro di paure e di tribolazioni.

--Ma voi non siete il mondo, frate Uguccione. E mentre i giorni vostri scorreano senza fastidi, migliaia d'uomini languivano nel dolore, attendeano a lacerarsi, a un dipresso come ora. La tranquillità della vita di alcuni non è che un'eccezione, come i giorni tiepidi nel verno.
I più sono sempre agitandosi in affannosa ricerca del bene; il quale non trovandosi sulla terra, è forza che coloro che nol cercano in cielo, si sforzino sempre di mutare le cose che li circondano. Infelici!

--Birboni! dico io (esclamava Uguccione), che a furia di agitarsi e di agitare tolgono la pace anche a chi non altro vorrebbe che compiere liscio liscio il suo pellegrinaggio, senza far male, e senza riceverne.

--E credete voi, figliuolo, che il compiere il nostro pellegrinaggio liscio liscio, e senza ricever male, valga il merito di perdonare a nemici, di beneficare ingrati, di patire persecuzioni per la giustizia? A chi perdoneremo se nessuno ci nuoce? Quando saremo noi davvero generosi, se beneficando otteniamo sempre la gratitudine altrui? Di qual giustizia sarem noi zelanti, se niuno ha duopo che essa gli venga predicata, se niuno le oppone l'ingiustizia e la violenza?

--Dunque, padre abate, i birboni non saranno più birboni; poichè il mondo tanto ha bisogno di loro per andar bene.

--Innalzatevi sopra questi pensieri volgari, figliuolo, ed ammirate piuttosto, come la Provvidenza sappia rendere utile l'opera de' malvagi, senza che scemi ad alcuno l'obbligo di pentirsi delle proprie malvagità e di tendere alla perfezione.

--Così dee essere certamente! dicea frate Uguccione, senza però essere interamente persuaso.

In simili colloquii, ed in orazioni, or fatte ad alta voce, ora segretamente, passavano il tempo i nostri viaggiatori. Quand'ebbero varcato il Ticino, e si furono alquanto inoltrati nella foresta, incontrarono quattro uomini a cavallo. In sulle prime si guardarono incerti, paventando a vicenda d'essere fra ladri. Ma quale fu la sorpresa di Guglielmo udendosi chiamare per nome da voce affettuosa commossa? Si riconoscono, scendono tosto di sella, e gettansi fra le braccia l'uno dell'altro.

Era Uberto Arcivescovo di Milano il quale vedendo la città ridotta agli estremi e vicina ad arrendersi, avea dovuto fuggire coll'arcidiacono Galdino (che fu poscia Arcivescovo dopo lui), coll'arciprete Milone, e con Alchisio cimeliarca. Il loro viaggio era verso Genova, ma erano costretti di vagare qua e là, per trovare passo sicuro.

I Milanesi aveano fatti prodigi di valore, finchè poterono avere le necessarie vettovaglie, predandole sui nemici, o comperandole dalle città confederate. Ma Federico aveali finalmente costretti a chiudersi entro le mura, ed era riuscito, acquartierandosi a Lodi, ad impedire ogni comunicazione fra loro e Piacenza, unica città, donde alla fine potessero trarre soccorso. Il rigore inesorabile poi, con cui facea tagliar la mano a chiunque fosse colto a recar viveri agli assediati, disanimava i più arditi.

In altri tempi Milano era con abbondanza provveduta di pubblici granai; ma questi non erano ancora stati ristorati dopo un orribile incendio, che aveali, non da molto prima distrutti. La più crudel fame non tardò quindi a farsi sentire. Per alcuni giorni tutti la patirono con mirabile fortezza. Giacchè si erano vincolati con tali giuramenti a morire per l'onore della patria, piuttosto che cedere, che niuno in tanta moltitudine osava essere il primo a proporre la resa. L'Arcivescovo, i consoli, tutti i maggiori della città s'erano condannati prontamente a tutte le comuni sofferenze del popolo, col quale divideano le poche munizioni che aveano accumulate. Ognuno si ridusse alla quantità di cibo atta a sostentare la vita. Alcuni vecchi ebbero scrupolo di contribuire alla diminuzione di sì scarsi alimenti, e si lasciarono morire senza più gustarne: i giovani più vigorosi prendeano faccia di cadaveri; le madri non aveano più latte pei loro bambini; nondimeno spacciavasi ancora che le città collegate s'adoprassero con efficacia per rompere l'assedio ed introdurre il bisognevole ai famelici. Alcune fervide menti, persuase che mai non perirebbe una città sostenitrice del vero Papa e di diritti che lor pareano santi, profetavano i sogni della loro fantasia, ed ognuno sforzavasi d'esser credulo per aver la forza di reprimere il grido della disperazione.

Guai se in simile stato quel grido prorompe da un labbro! Non è più in balìa di chi l'ode il tacersi. E così avvenne. Una donna accoccolata in un angolo della piazza con parecchi figliuoletti intorno a sè quietava il loro pianto, ripetendo loro che il padre era andato in cerca di pane, e non tarderebbe. Vide alfine comparire il marito, e volle alzarsi per incontrarlo. Essa barcollava, e si resse appena per venire sino a lui; il marito la sostenne e porsele un pane. «Dallo a' bambini» disse la misera. Quelli già l'aveano afferrato dalla mano paterna, e lo ingoiavano con furiosa voracità, quando lo sventurato, accorgendosi che la loro madre era spirata, mise un urlo spaventevole di dolore. Il popolo affollossi: l'urlo fu ripetuto; e quindi ogni freno al lamento si ruppe. Una sedizione infrenabile scoppiò. Coloro che osarono di ricordare il giuramento, e di vantare preferibile la morte all'ignominia, furono chiamati carnefici; molti di questi vennero tagliati a pezzi; e tra gli uccisori vuolsi che taluno fosse veduto recidere un brano della carne dell'ucciso e divorarla.

I principali cessarono allora d'essere concordi. Chi persisteva a volere la resa, chi la voleva necessaria, e comandata dal cielo. Prevalse quest'ultima opinione, e si mandarono perciò ambasciatori a Lodi, ov'era Federigo, a trattare di pace. Allora Uberto Arcivescovo, vedendo di non poter giovare più al suo popolo e non volendo comunicare collo scismatico Imperatore, determinossi a fuggire.

Inorridì l'abate di Staffarda all'udire tale racconto, e dopo mescolate le sue lagrime con quelle de' quattro fuggitivi, disse il motivo della sua andata, e chiese se alcuno di loro conoscesse Berengario da Sant'Ambrogio. Questo cittadino non era loro ignoto, ma niuno di loro avea pratica con lui. Lo consigliarono poi di retrocedere, mostrandogli la presente difficoltà d'entrare in Milano. Ma Guglielmo non volle rinunziare alla speranza di salvare Rafaella; e pregato Uberto di memorare a Papa Alessandro la sua venerazione, invocò su tutti loro l'assistenza del cielo e riprese il viaggio.

--Avrei creduto, disse frate Uguccione, che le udite vicende vi facessero temere di peggio, e pensaste essere più savio il partito di retrocedere.

--Non penso così, rispose l'abate sorridendo dolcemente.

--E se l'augustissimo Federigo a que' Milanesi che sono iti a chieder pace rispondesse:--No!--Dio sa quai brutti miracoli possa fare la disperazione. Una città di tante migliaia d'affamati che non isperino più salute, può versarsi tutta fuori con impeto sugli assedianti, e allora ammazza di qua, ammazza di là, che faremo noi là in mezzo?

--Faremo come potremo, figliuolo. Ove gl'infelici sono molti, cresce ne' cuori pietosi il desiderio di soccorrerne alcuno: e sono certo che crescerà pure nel vostro. Il monastero ci avvezzò a digiunare; non ci sarà quindi così grave, se il pane conteso da tanti bisognosi scarseggerà anche per noi.

--Eh, non parlo del digiunare, io; parlo del niun bisogno che ci è di andarci a porre in mezzo a una battaglia.

--Ma voi sapete pure che è da seguire la volontà di Dio: la quale vuole che i suoi servi non antepongano nè comodi, nè sicurezza, nè vita al loro dovere.

--Anche l'Arcivescovo Uberto sa queste cose; eppure vediamo come fugge.

--Uberto ha scomunicato Federigo, e non troverebbe presso lui misericordia. Ma noi non abbiamo scomunicato alcuno, frate Uguccione; del resto nulla può sciormi dalla promessa di procacciar salute, se posso, alla figliuola di Berardo.

--Così dee essere certamente! tornò a dire il compagno dell'Abate, senza però essere più persuaso di prima.

Ed in verità più avanzavano nel viaggio, più si vedeva che i timori di Uguccione non erano senza fondamento. Tutta la campagna, per quanto stendeasi l'occhio, era coperta d'armati; ad ogni tratto le scolte fermavano i due passeggieri, e chiedeano conto del loro venire e del loro andare, Guglielmo dicea d'essere indirizzato al Marchese Manfredo di Saluzzo, e chiedea dove potesse rinvenirlo.

--Chi lo sa? veniagli risposto or dall'un capitano, or dall'altro. Qui presso non è. Quelle insegne sono lodigiane, quelle cremonesi, quelle altre parmigiane. Là sono que' di Modena e di Reggio; più oltre que' di Mantova, di Ferrara, di Bologna. Dall'altro fianco accampano le schiere tedesche: fra tanta copia e sì diversa di guerrieri come è possibile il conoscersi? In quella disordinata riunione di popoli, l'odio comune contro Milano dava nelle battaglie una direzione comune; ma negl'intervalli si guardavano bieco l'un l'altro; e perchè non venissero insieme a zuffa era necessaria grande vigilanza nei capitani, i quali faceano opera che ogni gente vivesse separata dall'altra e non comunicasse colle vicine. Frequente cagione di discordia erano le vettovaglie. Abbondavano talora sotto una bandiera, e mancavano sotto le altre: invidia e bisogno spingea queste alla rapina; i duci loro s'insultavano a vicenda, si sfidavano a duello, negavano di punire i soldati della propria schiera, che ne avevano oltraggiato un'altra. I principi più illustri di Germania erano sempre affaccendati ad intromettersi tra gli offesi, e a sopprimere le gare alternando lusinghe e minacce, e procacciando di tener nascosta all'Imperatore gran parte di que' disordini, affinchè i già troppo frequenti supplizi non si andassero ancora moltiplicando.

A forza d'interrogare, Guglielmo seppe alfine che Manfredo era a Lodi coll'Imperatore, e colà s'avviò. Manfredo, al vedersi comparire innanzi il vecchio abate, tutto stupì, e credendo che l'impronta di mestizia, ch'era sul suo volto fosse annunzio di sventure che toccassero lui:

--Dunque non m'ingannarono, gli disse: tutto va a soqquadro anche colà? Siete voi fuggito?

--Io non sono fuggito, rispose l'Abate.

--Ma che fa Berardo? Le accuse che gli si fanno sono grandi. Si vuol ch'egli tenda a sovvertire il Marchesato; e so di certo che a Cuneo si celebrò una festa popolare, in cui Berardo, liberato da me di servitù rappresentossi come oltraggiato dal mio benefizio, e giurante la mia morte.

--Ignoro, Marchese, se tali indegne rappresentazioni si siano fatte nelle feste di Cuneo; ma se anche quella avesse avuto luogo, essa non indicherebbe se non la folle speranza della plebe a cui per concitarla i suoi seduttori indicano Berardo come suo fautore.

--Sarei già volato a Saluzzo a chiarirmi d'ogni cosa: ma le cure incessanti di questa guerra m'incatenano qui. Frattanto non voglio giudicare senza prove certe. Ma guai se Berardo!....

--Egli meriterebbe tutto il vostro sdegno, o Marchese, se si servisse contro di voi del credito di cui gode. Ma appunto perchè vi serve fedelmente, egli è odiato e la sua fama è insidiata.

--Voglia il Cielo che nè io nè voi c'inganniamo sopra il conto di Berardo.

--Bandite pure ogni dubbio, riprese l'abate. Ma io non venni qui per difendere la sua fama: bensì per farvi noto un delitto di cui lo stesso Berardo è vittima.

L'abate narrò quindi a Manfredo il ratto di Rafaella, e la scoperta fatta del rapitore, e mostrò in testimonianza la lettera di lei, portata da Melchisedecco.

Il Marchese arse di sdegno contro Villigiso, e raccontò a Guglielmo, come quello scellerato, essendo tanto felice quanto valoroso nelle battaglie, e congiungendo alla sua iniquità una finissima scaltrezza nell'adulazione, s'era amicato singolarmente l'arcicancelliere Rinaldo, ed insinuato nella grazia di Federigo.

--Posta la presente sua fortuna, soggiunse Manfredo, m'è forza reprimere l'ira che mi destano gli oltraggi da lui fatti a Berardo, e fingere d'ignorarli.

60

Ma penserò a Rafaella, e vedrò, qualora Milano s'arrenda di salvare questa fanciulla dalla rovina universale.

Notò il luogo dell'abitazione di Berengario, quale era indicato da lei stessa, coll'intenzione d'andare egli medesimo ad esserle scudo, tosto che il paese fosse libero.

Dopo questo colloquio, l'abate per alcuni giorni non potè rivedere Manfredo; tante furono le cure in tutti i petti per le cose che poco dopo avvennero, tante le agitazioni de' principi, chi per aizzare, chi per pacificare l'Imperatore, chi per promuovere l'intero eccidio di Milano, chi per impedirlo.

Arnaldo da Brescia, nel romanzo prima amico
e poi "rivale" dell'abate Guglielmo di Staffarda da:
http://commons.wikimedia.org/wiki/File:Campo_Marzio_-
busti_del_Pincio_-_Arnaldo_da_Brescia_1000464.JPG?uselang=it

CAPO V.

La Resa.

I Milanesi dimandavano pace, e per ottenerla proponeano di spianare in sei luoghi le mura e le fosse della città. Ma Federigo volle che s'arrendessero a discrezione: di che gl'infelici, per evitar peggio, consentirono.

Era il primo giorno di Marzo, quando si videro quei consoli di Milano, che poco prima aveano giurato d'anteporre la morte alla resa, Ottone Visconte, Amizone da Porta Romana, Anselmo da Mandello, Anselmo dall'Orto ed altri gagliardi, illustrati da numerose prodezze, sostenere le urla ed i fischi di mille caterve nemiche, insolenti pel buon successo, e così traversare un immenso campo sino alle diroccate mura della vecchia Lodi, ove l'Imperatore seduto sopr'alto trono accennava loro d'inginocchiarsi sulle macerie della città da essi distrutta. E si videro obbedire al cenno, ed abbassare la punta delle spade, e spargere lagrime, non di pentimento ma d'ira impossente.

Dopo d'avere udito poi da Federigo il comando di rassegnargli il giorno dopo le bandiere e rimettergli le chiavi della città, i consoli ripartirono tra le stesse urla e gli stessi fischi con che erano stati accompagnati nel venire. Sarebbero stati messi in pezzi dalle turbe, se non li avessero scortati e difesi alcuni dei sommi, come Arrigo il Leone Duca di Sassonia e di Baviera, Federico Duca di Svevia, il marchese di Monferrato e quello di Saluzzo. La mattina seguente, vennero trecento nobili Milanesi a cavallo colle bandiere e colle chiavi della città.
L'imperatore ricevette il loro omaggio, quasi senza badarvi, e lasciolli l'intero giorno in aspettazione de' suoi voleri. A sera, rivedendoli, chiese loro con ira, perchè non fossero venuti col carroccio. Tornarono dunque la mattina seguente con mille fanti e col carroccio, e tutti giurarono obbedienza.

Federico tenne ostaggi i trecento nobili, ma si lagnò che fossero pochi, e ne volle altri cento. Allora mandò sei suoi ragguardevoli personaggi, e sei Lombardi nella città a chiedere il giuramento di obbedienza all'intero

63

popolo. Tra i primi notavasi lo storico Ottone Vescovo di Frisinga, zio dell'Imperatore; fra i secondi un altro storico Acerbo Morena, Lodigiano, allora podestà della sua patria. V'era pur quell'Albernando Alamano, e quel maestro Omobuono ambedue Lodigiani, i quali erano stati i funesti sommovitori di questa orribile guerra, e la cagione dello sterminio di tante città. Perocchè trovandosi essi, nove anni addietro, in Costanza, presero la determinazione, senza averne alcuno incarico dalle loro città, di gettarsi a piè del trono con due grosse croci di legno in mano, secondo l'uso de' supplici di quel tempo, e con eloquente dolore chiedere vendetta a nome di Lodi e di tutti i vicini popoli tiranneggiati dai Milanesi.

L'Imperatore andò poi a Pavia, e quando i dodici inviati ritornarono di Milano, e gli esposero il miserevole stato, in cui la fame avea ridotti i Milanesi e la fiducia che aveasi nella clemenza dell'augusto vincitore: «Niuno interceda!» sclamò con voce cupa; e tutti si tacquero.

La fama di questa fiera risposta corse in breve per tutte le itale schiere. La maggior parte di esse alzarono grida orrende di giubilo, lodando Dio e l'imperatore, che finalmente la città superba che sì a lungo avea oppresse le altre, sparisse dalla superficie della terra. In quelle medesime schiere però molti generosi abborrivano da gioia sì crudele, e gridavano: «Imploriamo misericordia pei vinti!» Ma altri udendo le loro pietose grida, li chiamavano inverecondi, che osavano d'opporsi alla soddisfazione dovuta alle care ombre degli estinti, e alle generazioni viventi e future. Rinfacciavano loro che, avendo essi consanguinei ed amici in Milano preferissero gli affetti privati all'amore di patria. Seguiva alle contumelie il mischiarsi delle lance e delle spade, sì che il tumulto ne cresceva a dismisura.

Eriberto ed Ottolino aveano comando dal Duca Guelfo d'adoperarsi anch'essi a calmare gli spiriti, ma con cautela, per non mostrarsi troppo caldi contro la fazione de' feroci che era gradita all'Imperatore, sì che chi le si fosse mostrato troppo avverso avrebbe potuto perdere sè senza salvare i Milanesi. Il timore per la propria vita poco avrebbe potuto sopra menti così generose; ma si frenarono, perchè sapeano che il Duca era già sospetto e che una loro imprudenza avrebbe potuto da' maligni attribuirsi al loro signore. Per lungo tempo s'aggirarono dunque di qua e di là, fedeli al proposito di sedare i furenti senza manifestarsi nè pro nè contro, e solo ripetendo spesso che le discordie erano disonorevoli ai Lombardi, e vietate dal monarca.

Ma dove immense moltitudini sono in agitazione, una consumata esperienza sarebbe appena capace di mantenere alcuno in costante guardia de' proprii sentimenti: or come mai teste giovanili avrebbero potuto resistere al contagio di tale tumulto? Non è dunque a stupire che Eriberto, udendo le imprecazioni de' crudeli contro Milano, fosse ogni momento in procinto d'inveire contro loro: ed allora Ottolino s'affrettava di contenerlo, ricordandogli il Duca. Quando poi Ottolino perdea alla sua volta la pazienza, e spronava il cavallo su qualche gruppo di quegli ebbri, Eriberto afferrava la briglia e scongiurava l'amico di non rompere la promessa. Se non che mentre ciascuno esortava valentemente l'amico a senile saviezza, il sangue quadrilustre, che bollia nelle vene, più e più li concitava per proprio conto. Ecco s'imbattono nella schiera lodigiana, guidata dal fanatico Albernando Alamano. Questa veniva allora alle mani con uno stuolo d'altri Lombardi di varie città, i quali voleano salvi i milanesi. I due giovani volevano passare di fianco a' pugnanti, e allontanarsi, poichè vana qui sarebbe stata ogni voce di pacificazione. Ma come videro Albernando insolentire contro gli avversarii, e piantare barbaramente la spada nel petto di venerando vecchio, il quale inerme procurava di disarmarlo; subito proruppero sul forsennato, e lo respinsero, e prendendo a combattere contro i Lodigiani, si lasciarono fuggire dalla bocca un altissimo grido: «Perdono ai Milanesi, a terra i feroci!»

Questi erano sostenuti con gagliardia dal Marchese di Monferrato uomo cresciuto nelle crudeltà e nelle perfidie, e da quel Sicherio, illustre Barone tedesco, il quale nel principio del Regno di Federico, essendo venuto a Milano, intimator di esorbitanze, era stato di là ignominiosamente scacciato. Costoro invadono le tende ove custodiansi i prigioni milanesi, e le incendiano: i miseri, cinti di catene e senz'armi, cadeano sgozzati come agnelli da rabidi lupi. Il conte Guido di Biandrate accorse con numeroso stuolo ov'erano i due Saluzzesi. Il Marchese di Monferrato restò leggermente ferito: Sicherio fu ucciso: i loro seguaci lungamente respinti. Un dardo colpì gravemente il conte di Biandrate il quale cadde di cavallo.

La strage divenne quinci e quindi sì estesa e terribile, che il Barbarossa, il quale dall'alto di una torre mirava il campo, se ne sentì spaventato, e intimò alle altre sue schiere di muovere tutte sugli insani e di separarli. Il dì tramontava e le tenebre agevolarono la fine della pugna.

65

Mentre in mezzo a tale sanguinosa scena Ottolino ed Eriberto tentavano di difendere uno de' prigioni, essi intesero che egli era Berengario da Sant'Ambrogio. I due giovani già aveano saputa da Guglielmo la dolente storia di Rafaella, e perciò stesso più ardeano d'ira contro coloro che voleano sterminata la città. Ma oh quanto più infierirono loro contro quando il prigione, da loro indarno difeso, disse loro, prima di spirare, che difficilmente Rafaella poteva essere ancora tra i vivi.

Giacchè il popolo di Milano, ne' giorni in cui fu spinto dalla fame a volere la resa, s'era gettato a saccheggiare e disfare alcune case, in cui sospettava celarsi le vettovaglie; e fra le case saccheggiate annoveravasi quella di Berengario. In tale disastro Rafaella, per difendere la vita di Alberta sua benefattrice, avea ricevuto un colpo di coltello sotto il braccio sinistro. Berengario la vide cadere, ma pugnando si ara scostato dalle due donne, e la casa essendo stata diroccata, egli le perdette di vista nè più le potè rinvenire. Allora egli bramoso di morire o di rivedere i suoi figli ch'erano prigioni del nemico, si unì ad alcuni audaci, che tentarono una sortita, e fu in quella fatto prigione. Di questo lamentevole caso i giovani provarono infinito dolore, e se n'accrebbe a mille doppi la loro ira: el che incontratisi poco dopo, per mala ventura, con Villigiso che aizzava i furibondi, lo investirono, lo colmarono di vituperii e lo misero in fuga.

L'Abate Guglielmo, anche prima d'accorgersi che la discordia potesse divenire sì atroce, appena questa fu in sul nascere, era corso fra gli accaniti sperando di ricomporli. La sua alta statura, la fronte calva, la barba canuta, i modi venerandi, la voce nobilmente supplichevole incuteano riverenza; ma in breve lo scompiglio fu tale che Guglielmo ed Uguccione furono, senza distinzione, balestrati qua e là dalle prepotenti onde del generale movimento, senza che più alcuno s'avvedesse di loro. Niun urto poteva dividerli: giacchè il povero Uguccione aveva afferrata la veste dell'abate come un naufrago che, non sapendo nuotare, si appicca tenacemente a chi gli nuota d'appresso per essere da lui salvato o per perire con esso lui. Portati così dall'onda popolare, si trovarono vicini al conte di Biandrate, quando questi cadde sanguinoso di cavallo. Manfredo, ch'era poco lontano, si slanciò allora a soccorrerlo, e potè così recar aiuto nello stesso tempo anche ai due monaci. Il molto sangue che Guido perdea, rendeva verosimile la sua morte. Egli non avvilito nè turbato, ma con sincera pietà stringea la mano di Guglielmo, e si raccomandava alle sue preghiere ed a quelle del suo compagno mentre era portato verso la città.

Federico lo scorse dalla sua torre e non ravvisandolo, ma parendogli uno de' sommi capi, mandò a vedere chi fosse. E udito il suo nome, volle che fosse portato presso di sè per mostrargli il pregio in cui lo teneva. Giacchè fra i capitani italiani, Guido era tra quelli a cui l'imperatore portava maggiore benevolenza.

Curata la ferita da un valente Salernitano, primo medico di Federigo, l'infermo confortato dal riposo e dai farmachi, ripigliò forza bastante a tener colloquio coll'imperatore. Guglielmo stava allora per ritirarsi, quando questi, udendo ch'egli era l'abate di Staffarda, gli disse:

--La vostra presenza non è soverchia alla mia corte. So che il santo fondatore di Chiaravalle vi fu maestro, e niuno de' suoi discepoli s'è mai mostrato partigiano de' ribelli. Inoltre il vostro aspetto mi ricorda il buon Ubaldo Vescovo d'Agobbio.—

L'abate di Staffardas'inchinò e gli disse:--Felice me, se avessi come Ubaldo la sorte di trattenere le folgori de' potenti adirati.

Ma non erano più i tempi del Vescovo d'Agobbio. Dalla guerra di Spoleto in poi, il cuore del superbo s'era molto indurato. Corrucciato questi dalla significante allusione di Guglielmo, guardollo torvo da capo a piedi, e forse era tentato di rampognarlo d'arroganza, ma il contegno dell'abate era sì modesto e nobile, che Federigo mirandolo tornò a compiacersene, e gli disse benignamente di non pensare ad altro che all'infermo.

Guglielmo e frate Uguccione si fecero dunque presso il letto dell'infermo mentre l'Imperatore, trattosi altrove col Conte palatino, Corrado suo fratello, col Re di Boemia, con Manfredo di Saluzzo, Obizzo da Este e altri, si diede con esso loro a favellare de' tumulti di quel giorno e della sorte di Milano.

Venne allora annunziato l'antipapa Vittore IV, e l'imperatore mosse a riceverlo nella vicina sala.

--Io vi credevo in cammino per Roma, gli disse questi.

--Nè la Maestà Vostra mal s'apponeva, rispose l'antipapa; ma le vie sono impraticabili, a cagione dei masnadieri.

--O piuttosto avrebbevi fatto retrocedere la voglia di godere anche voi dello spettacolo terribile che appresto?

--Quale spettacolo?

--Quello che voi desiderate: la distruzione di Milano.

--Ciò che io desidero ben lo sa il nostro augusto figliuolo; io non ambisco che la distruzione dello scisma cagionato da Alessandro. E ove ciò possa conseguirsi senza che Milano perisca, io sono anzi venuto per implorare sul vinto la misericordia del vincitore.

--Papa Vittore, voi implorate così trepidamente, che quasi pare abbiate paura d'essere esaudito. Ma non abbiate timore. Alla brama espressa dal prudente labbro, non concederò nulla: ma tutto concederò alla brama onde palpita segretamente il vostro cuore.

--L'Augusto Federigo pone lo scherzo là dove io parlo seriamente.

--Bene, Papa Vittore! bene! La vostra accortezza mi piace. Far dire che siete venuto ad intercedere pei vostri nemici è degno di lode. La fama della vostra paterna carità si spargerà dappertutto; i popoli vi benediranno; e ciò varrà più assai d'un concilio per dichiararvi successore legittimo di S. Pietro. Ma ciò basti. Qui, come vedete, siamo tutti tali da poterci parlare senza visiera.

L'antipapa guardò bene intorno, poi si lasciò sfuggire un mezzo sorriso. Tuttavia non volle che alcuno potesse accusarlo d'aver consentito allo sterminio di Milano, e mettendo un profondo sospiro sclamò:

--Misera città! avrei dato me stesso per redimerti! Ma sia fatta la volontà del Cielo.

--E sarà fatta (disse l'Imperatore) come fu fatta da Tito sulla reproba Gerusalemme.

Udiva Guglielmo dalla vicina stanza questi discorsi, e sdegnavasi della viltà dell'antipapa i cui freddi inviti alla clemenza pareano anzi fatti ad arte per maggiormente accendere l'ira del monarca. Udiva l'andare e il venire dei principi, che riferivano all'Imperatore l'operato da loro e da altri nelle agitazioni di quel giorno. Parlavasi spesso di Guelfo con detti tronchi, o misteriosi. Finalmente l'Imperatore, preso sotto il braccio l'Arcivescovo cancelliere, s'appartò presso l'uscio. Indi entrarono nella stanza del malato, e senza badare ad alcuno, si diedero a passeggiare, parlando sottovoce. Pareva che si trattasse ancora di Guelfo. Rinaldo avea sembianza d'adoprarsi a rasserenare il suo Signore.

Questi disse: --Basta, non si cessi di vigilare. Guai a lui, se... guai!.... Il sangue che corre nelle sue vene nol salverebbe.--Poi soggiunse:--Quanto ai facinorosi arrestati, non si miri alla condizione d'alcuno; s'impicchino tutti domani.

L'astuto ministro gli fece notare che il ritardo della loro morte potea giovare. Molti di loro farebbero forse importanti rivelazioni per aver salva la vita.

--È vero, disse Federigo. Dunque si serbino i più notevoli; e tosto s'impicchi ciò che sembra inutile.

--Questo non è paese per me (pensava modestamente frate Uguccione) se qui s'impicca ciò che sembra inutile. E chi più inutile di me fra questi grandi che non mi dicono una parola? Chi più inutile di me a questo letto, ove l'illustre gemebondo non ha parola se non per l'abate, e si cura di me, come se non ci fossi?

Intanto Federigo e Rinaldo erano nella sala, e venutovi il sire di Mozzatorre, Guglielmo l'intese dipingere con nerissimi colori il procedere d'Eriberto e d'Ottolino, e chiamarli autori principali dell'accaduto conflitto e dire che aveali fatti carcerare.

--Bravo il mio Villigiso! disse l'Imperatore: fa che svelino tutte le trame che si nascondono sotto questo fatto. Ma poco dopo apparve con faccia irata il Duca Guelfo, cui tutti salutarono con apparente serenità. «Vi prego, cugino, egli disse all'Imperatore, di farmi rendere due guerrieri, miei famigliari, che vennero per isbaglio sostenuti in carcere. Ve ne rispondo io.»

Federigo gli rispose con cortese sorriso: --Non vi dispiaccia, Duca, ch'io m'informi prima della cagione di questo carceramento. Se saranno innocenti, vi farò dare ampia soddisfazione.

Questo rifiuto dolse assai al Duca. Il quale nondimeno giunto presso il letto, e presa la mano di Guido, si condolse con parole dolcissime della ferita da lui ricevuta, e parve non avere al mondo altra sollecitudine.

Frate Uguccione trasecolava, udendo parlare con tanta soavità, dopo averlo veduto entrare con faccia da basilisco.--Se non temessi di far giudizio temerario (pensava egli) direi che in queste pareti v'è poca carità e molta finzione.

Stupiva pure che l'Abate paresse non accorgersi di nulla e favellasse con ilarità di varie cose indifferenti. Parea ad Uguccione che sarebbe stato meglio il dimenticare ogn'altro interesse, e parlare subito della povera città di Milano. Quella leggerezza lo scandolezzava, ignorando, come semplice ch'egli era, che in certi tempi e in certi luoghi conviene mostrare leggerezza, affinchè gli animi si tastino prima l'un coll'altro, innanzi di manifestare il fine per cui si è venuto. Così facea Guglielmo; studiava i moti del volto di Guelfo, il suono della voce, gli sguardi e lasciava che altri facesse lo stesso sopra di lui.
Ma approfittando poi d'un istante di romore che faceasi nella sala per la venuta dell'Imperatrice, l'Abate disse sottovoce a Guelfo:--Adopratevi, duca, ma con tutta prudenza per salvare que' due Saluzzesi; essi mi stanno molto a cuore!

Guelfo strinse all'Abate la mano e risalutato l'infermo, passò nella sala ad ossequiare l'augusta Beatrice.

Ella dicea, con affettuoso sorriso, all'Imperatore: --Vostra Maestà quest'oggi mi sfugge, ma io sono ardita e vi perseguito. So che Federigo è un cavaliere, a cui una dama può ricorrere, senza timore di venire respinta.

Federigo pregiavasi infatti d'essere il modello dei cavalieri. Inoltre amava teneramente la sua sposa. Le porse dunque la mano, e facendola sedere le disse:

--M'è dolce fuggire, se ciò muove la mia signora a cercarmi.

E allora l'egregia donna, con ragionamenti pieni di senno e di grazia, cominciò a perorare a favore dei vinti, e a dipingere in nobilissima guisa la gloria che rifulge sulla corona de' sovrani clementi. Ella scusava o fingea di scusare lo sterminio d'altre città, dicendo che senza dubbio quel rigore era stato necessario per umiliare l'insolenza de' ribelli. Ma soggiungea, che ora quell'insolenza era atterrata, e che l'eccidio di Milano avrebbe tutta l'odiosità d'una vendetta non cristiana.

Abilissima poi, com'è proprio delle donne, a commuovere con viva rappresentazione delle cose, ella mostrava tutti i lagrimevoli errori d'una tale barbarie, i molti innocenti che sarebbero colpiti co' rei, l'esacerbazione di questi e di quelli: esacerbazione pericolosa, forse fatale, forse aiutata da prodigi del Dio di misericordia: se la misericordia fosse spenta nell'uomo.

Federigo l'ascoltava con un misto d'ammirazione e di tormento. Ma sempre opponea ragioni di Stato coonestando la sua implacabile ferocia col nome venerando della giustizia. Più insistea Beatrice e più Federigo le opponeva in termini variati le stesse ragioni, che lo teneano fermo nel proposito di distruggere Milano.

L'Imperatrice afflittissima di nulla ottenere, chiuse in petto il suo dolore, e tacque. Volse poi alcune parole cortesi al Vescovo di Frisinga e ad altri, ed intanto parea loro significare cogli sguardi il desiderio di venire da loro secondata, nell'espugnare il cuore del feroce imperatore. Chiese poi della salute del conte di Biandrate, e detta di lui qualche parola benevola, si ritirò.

Tutti nella sala rimasero allora per alcuni istanti in silenzio. Il sorriso che, per urbanità cavalleresca era stato fino a quel punto sul labbro di Federigo,

71

disparve. I cortigiani non vedeano più in lui che un Imperatore corrucciato, il quale senza parlare dicea:

--Guardatevi dall'eseguire ciò che gli sguardi della sconsigliata mia donna vi chiesero; non soffrirei la vostra insolenza!

Vittore, stanco dal viaggio, prese commiato. Federigo lo mirò con disprezzo; indi congedò gli altri principi e disse ad Arnando suo segretario, e al cancelliere Arcivescovo di terminare le lettere incominciate ai Re di Francia e d'Inghilterra, per la convocazione d'un nuovo concilio. Entrò poi nella stanza del Conte, e passeggiò alcuni minuti colle braccia incrocicchiate.

Frate Uguccione l'adocchiava di soppiatto, cacciava via il sonno, ripensando un curioso fatto, raccontatogli, anni sono, da un pellegrino.
Cioè come nella dieta Generale, tenutasi in Roncaglia nel 1115, essendo stati interogati i famosi dottori delle leggi dello studio di Bologna, Martino Gossia, Bulgaro, Iacopo ed Ugone da Porta Ravegnana, di chi fossero i ducati, i marchesati, le contee, i consolati, le zecche, i dazii, i porti, i mulini, le pescagioni, ed insomma quanto comprendesi sotto il nome di regalie, quei grandi dottori aveano concordemente sentenziato:--Tutto, tutto è dell'Imperatore!--Uguccione ricordava pure d'aver inteso, come cavalcando un giorno Federigo fra due di que' sapienti, Bulgaro e Martino, li avea interogati s'egli fosse giuridicamente _signore del mondo intero_. Ed avendo Bulgaro risposto di no, e Martino impudentemente di sì, smontato di cavallo l'Imperatore donò all'adulatore Martino il suo palafreno e a Bulgaro un bel nulla. Il perchè disse poi quest'ultimo le scherzose parole: _Amisi equum, quia dixi aequum; quod non fuit aequum._

Frate Uguccione pensava:--Signore dell'universo mondo, veramente a me pare, che sia il solo Dio. Eppure anche Bulgaro, che non peccava d'adulazione, non dicea poco ammettendo che a Federigo appartengono tutt'i ducati, i marchesati, le contee, i consolati, le zecche, i dazi, i porti, ecc. Quanta potenza! Pure se debbo dire quello che mi pare, non ci vuol molto a capire che io sono più contento di lui. Guarda come allunga il labbro inferiore, e poi lo ritorce indietro, mordendolo, e muta colore di quando in quando e freme che pare quasi impazzito.

L'Imperatore essendosi intanto fermato a guardare il conte di Biandrate, questi gli disse:--La mente di vostra maestà è ingombra di gravi pensieri.-- Mio caro Conte, rispose Federigo; parvi poca noia la necessità d'affrontare il biasimo di molti per esser fermo nel rigore della giustizia. Sin dalla mia prima calata in Italia, io vidi che Milano non sarebbe doma, se non dal ferro e dal fuoco. Essa mi chiese pace; ed oh avessi io allora resistito alle preghiere dell'Imperatrice e vostre; quanto sangue e rovine di città si sarebbero risparmiate. Ma ora che la nuova ribellione ha messo il colmo alla sua perfidia, non sarò sì stolto e effeminato che dia luogo a improvvida pietà. Milano sarà distrutta.

Il Conte disse, ma con voce sì debole che non potè proseguire:--Parlavamo appunto dianzi di ciò l'Abbate di Staffarda ed io......

--E che dicevate? chiese il Monarca volgendosi a Guglielmo.

--Dicevamo, rispose questi, che allora quando la Maestà vostra concesse pace ai Milanesi, essi erano stati domi non tanto dalle armi, quanto dal fiero contagio che avea spopolato la loro città. Ritornata la salute ed essendo affluito in Milano un gran numero di partigiani dalla campagna e dalle altre vicine città, sentirono di nuovo la superbia della forza e tornarono credersi non vincibili. Questo delirio potè sorgere allora perchè una lunga pruova non aveali ammaestrati: ma ora siffatte illusioni svanirono. Nella miseria in cui Milano precipitò per le sconfitte ricevute, nulla ha più che possa sedurla. Resta dunque a decidere se quando tutto dimostra che una città non è più in grado d'insolentire, il vincitore debba esterminarla. Ed io dico aperto, e la Maestà vostra mi permetterà questa libera parola, qual si addice al mio carattere, che sì fiera vendetta non è scusabile in un monarca cristiano.

--Abate di Staffarda, questa franchezza che in altri forse non tollererei, negli uomini come voi mi piace. Ma voi errate a partito credendo che io voglia spenta Milano per cieco impeto di vendetta. Io son mosso da ragione di Stato e da debito di severa giustizia. A voi, come è facile in persone di Chiesa, la compassione fa velo alla mente.
Ma la compassione agl'infelici non è sempre ragionevole nè virtuosa. O il parricida che va al patibolo, perchè è infelice, cessa d'essere un mostro? E il giudice sarà vendicativo e crudele, perchè non lo assolve?

--Cesare, l'intelletto umano è sì fecondo di giustificazione per qualsiasi opera, che se un corruccioso potesse distruggere l'universo, non gli fallirebbero motivi, in apparenza insufficienti a ciò compiere. Ma la fecondità dell'intelletto nell'adulare alle nostre passioni ci torrebbe sempre la via di conoscere quando siamo giusti od ingiusti, se ne' casi gravi non interrogassimo un oracolo più fido, più sicuro, quello che Dio pone nella coscienza di tutti. Chi dice di seguire la sua coscienza, ed opera il male, o non l'ha interrogata non l'interrogò sinceramente. Nè interroga sinceramente la propria coscienza chi non ode i franchi consigli che la religione gli dà per mezzo dei suoi ministri.

Niun altro che l'Abate di Staffarda avrebbe potuto far udire all'orgoglioso Barbarossa sì ardite parole. Ma Guglielmo era non meno modesto che venerabile, e sì nella presenza come nella voce aveva un mirabile potere d'avvincere, almeno per un istante, il cuore anche più ritroso ed indomito. Federigo volea sdegnarsi e non potea. Fissava nell'Abate le pupille attonite, e dimandava a sè stesso come avesse pazienza d'udire tal favella da un uomo. Egli non avea provato da gran tempo cosa simile. Sarebbevi mai in alcun mortale una virtù superiore alla parola, una virtù esercitantesi imperiosamente dall'anima loro sopra l'anima altrui, cosicchè mentre, se bene osservansi, i loro discorsi nulla abbiano di trionfante, nondimeno chi li ha pronunciati trionfa? Tali certo dovevano essere gli Apostoli. Il mondo conosceva oratori più eloquenti di loro, e tuttavia il mondo, benchè riluttante alla loro dottrina, l'abbracciava. Quando quella virtù, superiore alla parola, opera non solo sopra i rozzi, ma sopra coloro che lungo uso di ragionare e lunga superbia ha fatto astuti, è impossibile non riconoscervi un'efficacia maravigliosa, un dono segreto di quel Dio che si comunica ad alcuni eletti perchè adempiano il voler suo in guise straordinarie.

Siffatti pensieri volgeansi nella mente di Federigo mentre Guglielmo favellava, ed erano un'ispirazione celeste che lo stimolava a non
resistere alla grazia. Ma niuna ispirazione costringe. Federigo sentì l'incanto amabile e gagliardo della santità apprendersi da lui come la presa della mano paterna sul figliuolo temerario in mezzo a' dirupi. Ma egli era a quel grado d'orgoglio, in cui l'uomo si vergogna di non essere costante nella malvagità, e senza avere consultato altro che inique passioni, dice d'aver

consultato e ragione e coscienza, e si forma una grandezza infernale ed illusoria ch'egli scambia coll'eroismo.

Allora non evvi alcuna verità che non si travolga, alcun principio evangelico che non si profani, torcendolo a conclusioni scellerate.

--_I franchi consigli della religione e dei suoi ministri!_ disse l'imperatore. Egregiamente! Appunto quelli mio caro abate, mi sforzerò di seguire. La religione comanda di recidere le membra infette, piuttosto che di lasciar perire l'intero corpo. Essa vieta di fomentare l'iniquità tollerandola, laddove m'è facile estirparla. Estirpare Milano m'è facile, lo vedrete, lo vedrete.

--Deh, ve ne scongiuro, dissegli Guglielmo, ritardate almeno l'esecuzione di questo tremendo disegno! Fate più lungo esame; spogliatevi prima d'odio, accostate l'anima vostra a quel Dio che sulla terra rappresentate. Ho fiducia che, se lo interrogate, egli non vi dirà d'estirpare Milano. Egli forse vi mostrerà, che una seconda clemenza, è per ottenere l'effetto non ottenuto dalla prima, e che da questa clemenza, e non da severi castighi, pende la pace delle generazioni avvenire.

--Abate di Staffarda, voi ed io consulteremo ancora il Signore, per non errare ne' nostri giudizii. Vedrete che egli dirà a me «Estirpa»; e a voi «Rassegnati!»

Lo salutò con un cenno di mano; salutò nello stesso modo il conte; e se ne andò. Guglielmo mosse un passo, quasi per seguirlo. Federigo gli disse imperiosamente:--Restate.--Passando nella sala sottoscrisse le lettere che gli presentarono Arnando e Rinaldo, e si ritirò fremendo nella sua stanza.

Il Conte di Biandrate, tutto commosso, disse a Guglielmo:--Uomo di Dio voi avete adempiuto un gran dovere! Possa il duro cuore di Federigo approfittarne!

Indi sentendosi alquanto sollevato, chiamò uno scudiere, e volle che i due monaci andassero a dormire.

--_Sit nomen Domini benedictum_, disse frate Uguccione.

Federico Barbarossa da:
http://commons.wikimedia.org/wiki/File:Foltz_-
%27Kaiser_Friedrich_Barbarossa_und_Herzog_Heinrich_der_L%C3%
B6we_in_Chiavenna.jpg?uselang=it

CAPO VI.

La Distruzione di Milano.

Sorgeva l'aurora del giorno 19 Marzo; e già arrivavano da Pavia i messi imperiali, latori ai consoli di questo fiero comando:

--«Noi Federigo, per la grazia di Dio, Re di Germania e Imperador de' Romani, intimiamo a tutti coloro che sono nella città di Milano, maschi e femmine, di uscire nel termine d'otto giorni, con ciò che possono portar seco.»

In pochi istanti l'orribile novella fu nota a tutti i cittadini, e l'aere echeggiò di lamenti e di maledizioni. Alcuni, svegliandosi non volevano credere ciò che udivano, e speravano di sognare; poi convinti della realtà, non poterono sostenere questo colpo e impazzirono; altri furono uccisi dall'eccesso del dolore; altri si svenarono per essere almeno seppelliti nelle rovine della loro patria.

Le porte della città vennero immediatamente aperte. Un banditore fu spedito dai consoli sovr'ogni piazza e per ogni via, perchè si sollecitassero i cittadini ad obbedire, e si raccomandasse loro il buon ordine, e la mutua carità in sì alta sventura. I consoli stessi, più memori del pubblico bisogno che delle domestiche loro angosce, si videro tutto il giorno in più luoghi della città arringare il popolo e pregare che niuno s'abbandonasse ad inutile disperazione, affinchè almeno i vincitori non disprezzassero i caduti.

Un numero grande di Sacerdoti si sparse per ogni dove, col Crocifisso in mano, a ricordare che era giunto il tempo d'imitar il divino maestro, immolato dalla ferocia delle passioni umane. Le esortazioni veniano spesso soffocate dal pianto de' medesimi esortatori, e non s'udiva allora che una voce: «Oh Milano! oh infelice Milano!»

Quindi ripigliavano quelli a predicare il Dio dei dolori e la brevità delle sciagura mortali, e l'alterno sparire di tutte le grandezze che per un tempo abbelliscono la terra. Simili verità non sono mai sentite così profondamente come nelle afflizioni generali. Ma il grido: «Oh Milano! infelice Milano!» torna a scoppiare; e quelli che alzavano il Crocifisso per invitare a rassegnazione, ripeteano di nuovo anch'essi il grido degli altri.

V'ebbe taluno, o perverso, o dissennato che assalì con vituperio e percosse i consoli ed i sacerdoti urlando non esservi Dio, non esservi giustizia, non esservi se non violenza e stoltezza e dolore. Tali bestemmie erano in sì turpe dissonanza col pensiero comune, che il popolo n'era empiuto di spavento, come se l'inferno per accrescere la desolazione della triste città vi vomitasse i suoi mostri. Allora presi da furioso zelo, gl'inorriditi si scagliarono sui bestemmiatori e li fecero a pezzi. Immense furono le ricchezze abbandonate. Gran numero di sventurati, sformandosi a portar fardelli superiori alle loro forze, stramazzavano pe' trivi e calpestati dalla folla perivano, o non trovavano più il fardello loro, o ne prendeano un altro o sdegnavano di più nulla prendere ed usciano privi di tutto; quali muti, quali urlanti, quali lagrimando in silenzio.

Il maggior numero di coloro che avevano pargoletti, od infermi parenti moveano dalle loro case tenendoli per mano, e portando addosso i bagagli: ma com'erano in mezzo alla moltitudine, o l'infermo o il fanciullo stentava a reggersi in piedi, quelli gettavano via la roba e si caricavano questi sulle spalle.

Tutti coloro che giugneano ad una porta della città voleano ancora toccarla, e sclamavano miseramente--«Addio! addio!»--e questo angoscioso saluto ripeteasi di continuo da tutti gli uscenti e prolungavasi per lungo tratto fuori delle mura. Vane erano le cure dei più generosi cittadini perchè quella moltitudine sgombrasse con ordine. Da mane a sera affollavasi la turba alle porte, e quanta più ne partiva, tanto più densa parea quella che rimana. Dopo i tre o quattro primi giorni, la popolazione era tuttora sì numerosa, che nacque in molti il timore di non aver campo ad uscire entro il termine decretato. Allora, immaginando che coloro che rimarrebbero sarebbero passati a filo di spada dai saccheggianti od arsi colle loro case, l'ansia d'uscire divenne frenetica. La quantità de' soffocati e de' pesti nella turba fu spaventevole, ad onta che le mura fossero state rotte, onde aprire più largo varco a' fuggenti.

Negli ultimi due giorni restavano pochi nella città, la maggior parte infermi o storpi! senza aiuto. Decisi dapprima di non partire da' loro tetti e di lasciarsi trucidare, il terrore della morte aveali poscia scossi e consigliati di trascinarsi allo scampo.

I principali cittadini si ricoverarono a Piacenza, a Brescia e presso altre genti amiche. Non mancarono tuttavia molti che trassero a Lodi, a Pavia ed a Como, ove l'enormità della loro sventura li fece compiangere ed accogliere umanamente da coloro, che poco prima erano loro nemici accaniti. La plebe si sparse fuori della città a' monisteri di san Vincenzo, di san Celso, di san Dionisio e di san Vittore, e ne' vicini contorni.

78

Malgrado sì lunghi esperimenti della efferatezza del Barbarossa, le lusinghe della speranza viveano ancora nel cuore di tutte quelle migliaia d'addolorati. Non parea loro inverosimile che l'Imperatore pago del recato spavento desse finalmente adito alla clemenza, e, permutato il castigo in forti somme di denaro, li lasciasse ritornare alle case loro. Vana lusinga! All'alba del dì seguente Federigo, accompagnato da' cortigiani e dalle infinite sue schiere, mosse verso la città da lui maledetta. Egli v'entrò da porta Ticinese, ed uscì dall'opposta, abbandonando la ricca preda all'avidità dell'esercito. Chi può dipingere la gara di tanti rapaci? Palazzi, case, emporii, botteghe, tutto fu invaso, tutto fu spogliato. Neppure le chiese furono risparmiate: l'abbondanza de' sacri arredi che i profanatori si divisero non fu computabile. Un'antica opulenza, e la pietà di migliaia di uomini aveanli accumulati: e tutto fu in breve dissipato! Narrasi che trovati in tale giorno i corpi creduti de' tre Magi, Rinaldo Arcivescovo di Colonia li abbia fatti prendere, per quindi mandarli alla sua diocesi ove tuttora si venerano.

Durò più giorni il saccheggio, e ancora i palpitanti cittadini speravano di riavere almeno i loro nudi tetti. Ma il barbaro editto della totale distruzione di Milano uscì finalmente. I Cremonesi furono destinati ad atterrare il sestiere di porta Romana: i Lodigiani quello di porta Renza; i Pavesi quello di porta Ticinese; i Novaresi quello di porta Vercellina; i Comaschi quello di porta Comacina; e gli abitanti del Seprio e della Martesana quello di porta Nuova. Furono tutte mani italiane quelle che distrussero la regina delle province Lombarde, una delle più belle e più grandi città dell'Italia. E niuno si ritrasse dall'opera nefanda. Che anzi, essi, essi furono che dimandarono questo ministero per soddisfare alla loro scellerata vendetta. E non solo il dimandarono, ma lo comprarono offrendo migliaia di marchi d'argento!

Un'infinità di furibondi s'avventò con martelli e picconi al diroccamento; e per terminare più presto, venne appiccato il fuoco in molte parti della città. In pochi giorni la ruina fu compiuta.

Una sera l'innumerevole popolo, disperso qua e là pe' borghi e per la campagna tenea le ciglia lagrimose sovra alcuni avanzi di quelle care mura, di quelle superbe torri, di quelle venerande basiliche, ed ahi! rammaricavasi di non doverle più vedere il mattino seguente. Il sole tramontava sanguigno, velato dai globi di fumo che sorgeano dalle rovine. Il crepuscolo fu breve:

79

un denso tenebrore circondò quelle indistinte moli; le fiamme stesse eransi abbassate e ardeano covanti pe' tetti.

«Oh Milano! oh dolce patria! gridarono i miseri con disperato lamento. Addio! addio! Non ti vedremo mai più! mai più!» E quel _mai più!_ sonava così angoscioso e così pieno d'affetto, che a molti de' nemici, udendolo, sgorgarono le lagrime. E mentre echeggiava per l'aere quell'orrendo _mai più_, il campanile della metropolitana, ch'era il più alto edifizio della Lombardia e mirabile per la sua vaghezza, precipitò con grandissimo fracasso, e rovesciatosi sovra la chiesa, atterrò la massima parte di essa.

Dopo un lungo «Ah!» successe un silenzio che fece drizzare i capelli allo stesso Imperatore. Pareva il ritorno del nulla, dopo la distruzione del creato.

Il giorno appresso, Milano non era che un monte di pietre; e la rabbia degli esterminatori non era cessata. Quelle pietre si trasportarono con furore sinchè furono disperse, sinchè il suolo fu nudo, e la città parve non essere stata mai. Sole rimaneano qua e là, come stupite di se medesime alcune chiese depredate, quali affatto intere, quali soltanto danneggiate dall'incendio e da caduta di fabbriche vicine.

Quando furono sgombre le macerie della città, fu veduta più giorni una moltitudine di sfrenati banchettare e danzare cantando le glorie di Barbarossa e dei Lombardi suoi compagni di vittoria, e giurando per sè e pe' loro nipoti di mantenere osservato in eterno il cesareo decreto, che Milano non si rifabbricasse mai più.

Non cessavano le esecrande orgie neppure negli orrori della notte; e chi da lontano mirava l'agitarsi delle fiaccole, e ascoltava le abominevoli cantilene credea di vedervi, mista a que' forsennati, una turba di spiriti maligni, che giganti or passeggiavano, or balzavano per aria, or fuggivano uno spirito più grande di loro, l'angiolo di Milano; il quale, prostrato a piangere sulle rovine, a quando a quando sorgeva, ed offuscava col fulgore delle pupille la luna e le stelle, e roteando una spada di fuoco sconfiggea i satelliti d'inferno.

Forse ad alterare le fantasie degl'infelici, e a far vedere apparizioni celesti contribuivano certe urla ferine, che prima non s'erano intese mai così moltiplici, così addolorate, così orrende. Erano le urla di numerosi branchi

80

famelici, che percorrevano uniti la solitudine, e accresceano la propria rabbia urlando, e divoravano cadaveri insepolti, o sentendoli al fiato sotterra li disseppellivano per cibarsene, ed inseguivano spaventosamente i vivi; sicchè bisognò alfine dar loro la caccia, ed a poco a poco distruggerli come bestie feroci.

Fu chi lasciò scritto che Federigo fece sul suolo della sterminata città condurre l'aratro e seminar sale. Certo è che egli, dopo avere assaporata la crudele sua opera, assistendo a quella desolazione, ebbe l'impudenza d'insultare ancora a tanta miseria, presentandosi con gran pompa, nella domenica delle Palme, ai divini officii della Basilica di Sant'Ambrogio.

E niuno fu che gliene vietasse il passo, come già fece il magnanimo Santo in quella medesima città (e forse alla porta del medesimo tempio) all'Imperatore Teodosio che sordido di strage voleva appressarsi agli altari! Ma Uberto, successore del gran Vescovo, fuggiva l'ira di Federico in terre lontane, e tutto il clero fedele era dissipato.
L'Agnello di propiziazione veniva offerto dalle mani scellerate d'un antipapa: la parola di Dio era pronunciata dal sanguinario Rinaldo Arcivescovo di Colonia, i circondanti prelati e sacerdoti erano scismatici e ribelli al legittimo Pontefice. La pia Beatrice si disse ammalata e non volle aver parte a tale profanazione.

Federigo avrebbe pur quivi celebrata la Pasqua, ma Beatrice negò d'intervenirvi, ed egli fermò di celebrarla in Pavia. Non potè ella negarvi la sua presenza, ma volle che la Messa fosse detta da Ottone zio dell'Imperatore, Vescovo di Frisinga; il che fu a disdoro dell'antipapa.
Folta copia di Vescovi, d'abati, di marchesi, di conti e d'altri baroni vi concorse.

In questo solenne giorno, Federigo si mise in capo la corona che da due anni non portava, per giuramento fatto di solo ricingerla, domati i Milanesi. Alla Messa successe un convito dato a' più intimi: la riverenza del giorno pasquale non consentiva maggiore baldoria.

Più lauto festino fu imbandito il dì seguente. Vi s'assisero gli augusti sposi colla corona, i Vescovi settatori dello scisma di Vittore, i principi tutti ed i

81

consoli della città colle varie insegne del loro grado. L'abate di Staffarda, benchè invitato non comparve.

Sedeanvi pure molte gentili donne de' più illustri casati, vestite di magnifiche vesti di damasco o di broccato, con corsetti di stoffa d'oro. Candidi finissimi veli pendeano dietro le spalle, fermati sulle chiome da fila d'oro, o da eleganti borchie ricche di gemme. Tutte aveano in orecchini, collane, smaniglie ed anella, tesori mirabili proporzionati allo splendore delle famiglie.

Al suono di guerresca musica portaronsi le prime vivande da un gruppo di cavalieri, rappresentanti colle loro diverse fogge di vestire e con ingegnosi ricchissimi emblemi i diversi feudi dell'Impero. Ciascuno porgendo il suo piatto diceva qualche motto cortese in omaggio all'augusta coppia. Successe a que' suoni un'armonia più soave, ed allora vennero portate le frutta da cento damigelle figuranti le varie città e i diversi contadi de' dominii patrimoniali di Federigo, vestite con gran ricchezza a foggia qual di matrona, qual di forese e tutte incoronate di fiori. Mescolavasi a quel coro una turba di vaghissimi fanciulli, i quali significavano gli angioli delle città e delle castella; e ciascuno sollevando sopra il capo in leggieri vasellami d'oro e d'argento ogni sorta di confetti andarono a deporli sui deschi. Sì le donzelle che i garzonetti dissero del pari il loro motto d'omaggio.

Al convito successero magnifiche danze che durarono l'intera notte. Beatrice era sparita. Simili feste, insultanti all'eccidio di sì nobile città e al dolore di tanti infelici, metteanle spavento.

Federico Barbarossa
in un quadro del pittore Filippo Carcano.

CAPO VII.

La pia Imperatrice.

Entrando Beatrice ne' suoi appartementi, fu sorpresa di trovare nell'anticamera Guglielmo. Questi le s'inchinò e disse:--Il cuor mio presagiva che la maestà dell'Imperatrice sarebbesi presto ritratta da quelle gioie.

--Gioie? soggiunse ella con voce d'onesto rimprovero e scotendo mestamente il capo.--Ma, se non erro, voi siete l'Abate di Staffarda.

E com'egli abbassava la fronte assentendo, ella ripigliò con figliale verecondia.

--Conviene, o Abate, che vi sieno assai poco in pregio le donne perché da tante settimane che vivete presso noi, non vi siate mai mostrato al nostro sguardo. Ora forse il vostro beato maestro vi sussurrò finalmente all'orecchio, che un suo degno discepolo, quale voi siete, è il benvenuto presso Beatrice di Borgogna.

San Bernardo essendo pure di Borgogna, Beatrice lo venerava con particolare affezione. Nel chiamarsi poi col suo semplice nome di battesimo ella parve inoltre dire: «La corona che mi vedete in capo, non m'ispira nessun senso di alterezza e di fasto. Io sono Beatrice, educata in costumi più soavi e più pii di quelli, onde le imperiali nozze mi circondarono. Io sono innocente di queste abbominevoli pompe, come degli eccidii ch'essi festeggiano.» Guglielmo intese ch'ella significasse tutto ciò ed altre nobili affezioni ancora. Egli era di quegli uomini, che, non si sa per qual magia, leggono più in un'occhiata ed in certi atti muti, che altri in un volume: uomini pericolosi quando sono malvagi, ma sommamente utili, quando buoni, perchè sanno identificarsi in pochi istanti con un altro e capire i suoi bisogni, e rendere sincerità per sincerità, amicizia per amicizia, ed oh quanto ciò solleva un'anima gentile, che geme fra anime di più basso ordine, e ne cerca una simile alla sua!

Anche Beatrice possedea quel privilegio de' pochi: di leggere molto in uno sguardo. Guglielmo aveale appena detto che egli bramava udienza da lei, ed ella indovinò tosto essere venuto l'uomo di Dio a proporle qualche buona azione.

--Oh, venite, venite! rispósegli premurosamente l'Imperatrice, ed introdottolo in una vicina sala, ella passò colle sue dame in altra stanza ove depose la corona e le magnifiche sue vesti. Indi in breve tornata in più modesto abbigliamento, senz'altra compagnia, che d'Ernesta di Sassonia sua congiunta, s'assise ed accennò all'Abate il seggio vicino. Egli le parlò così:

--La vostra carità, augusta donna, non ha d'uopo ch'io la stimoli ad accorrere in aiuto, dove i miseri sono tanti e dove anche un'Imperatrice, facendo quanto più può, dee pur troppo sentirsi povera. Ma nel numero infinito di quei miseri, mi sono imbattuto in persona, a cui la protezione di debole vecchio, qual son io, non basta. Avrei invocata quella del marchese mio signore, s'egli per la necessità della guerra, non fosse ridotto a tutto consacrarsi al servizio del monarca, e a vivere più da soldato che da principe. La desolata vittima per cui domando asilo e difesa, è del vostro sesso, o Beatrice; è una fanciulla virtuosa: i suoi genitori sono amici miei ed amici del cuore.

--Deh, ricettiamola dunque, o padre! E siate benedetto d'esservi ricordato che fra le sorelle degli sventurati è anche Beatrice! chi è, dov'è quella fanciulla?

--Oh Imperatrice! La storia de' suoi dolori non è breve.

E qui prese l'Abate a narrarle succintamente ciò che al lettore è già noto; e poi aggiunse che quando la casa di Berengario da Sant'Ambroggio fu atterrata dal popolo sedizioso, Rafaella ferita e la vecchia Alberta si trovarono ridotte alla mendicità. Giacchè Berengario avendole smarrite nel primo giorno, disperò troppo presto di rivederle; sì che le meschine, perdendo lui, non ebbero più sostegno. Alberta ricorse ad alcuni consanguinei, ma la fame aveali induriti. La respingeano con villania, scandolezzandosi che in tempo di tanta scarsità di cibo, avesse la stoltezza di tener seco una straniera. Taluno le dicea: Dividiamo il nostro tozzo di pane con voi ma cacciate colei che non è del nostro sangue.--Ed Alberta, piuttosto che separarsi dalla derelitta, tornava a discendere le invano salite scale, e si ponea con quella nelle vie a piangere ed a porgere vergognando la mano a' passeggieri. Molte erano le donne di civile condizione ed anche nobilissime, che mendicavano. Distinguevasi dalla qualità e nettezza delle vesti, e dalla timidità della voce e del contegno. Nè prendevano coraggio al mendicare, se non dalla speranza di conservarsi al marito ed ai figliuoli. Ma Alberta ignorò lungo tempo, come tante altre, d'essere l'unica superstite della sua famiglia.

Errando con essa Rafaella per quella vasta città, invano furono cercate da Manfredo, invano da Guglielmo. Ed allorchè fu pubblicato il funesto bando contro Milano, uscirono dalle mura colla moltitudine e rimasero tra i più destituiti di soccorso, sulla piazza del monistero di san Celso.

--Aggirandomi oggi, proseguìa Guglielmo fra quel popolo di desolati, una fioca voce ferì il mio orecchio «Abate di Staffarda! Guglielmo! Guglielmo!» Era dessa, la povera Rafaella! altre volte un angiolo di bellezza! ora dimagrata, pallida, sostenevasi appena. Tuttochè sì cangiata, la ravvisai. Mi feci aprire il varco dai circostanti e giunto ad essa, la dimandai del perchè e del come si trovasse colà e piansi all'udirne le cagioni. Ella mi chiese de' genitori, e risposi che aveano ricevuta la sua lettera, e ch'io era venuto per lei. Quando ebbi da essa e da Alberta inteso le loro vicende, dissi: l'augusta, l'ottima Beatrice degnerà farsi madre della derelitta.

--Oh, sì, buon vecchio! sclamò commossa l'Imperatrice. Io sarò madre dell'infelice Rafaella. Perchè non l'avete qui tosto condotta essa ed Alberta?

--Sia ringraziato il Dio degli afflitti! disse Guglielmo alzandosi. Quel Dio è anche quello delle Imperatrici, o donna. Egli, egli rimunererà le vostre virtù! Se vi piace vado senz'altro indugio a dare il lieto annunzio alle vostre protette, e condurle alla vostra presenza.

--Andate, andate, disse l'Imperatrice; e ciò dicendo, ella chiamò un paggio ed imposegli di seguire l'Abate, e di provvederlo di scorta e di qualunque altra cosa gli bisognasse.

L'Abate nel partire intese che Beatrice, voltasi ad Ernesta, ripetea mestamente quel detto: Il Dio degli afflitti è anche quello delle Imperatrici! E vide che ella guardava dalla finestra verso la parte opposta, oltre il cortile, donde veniva col suono delle danze, quello della voce d'un impudente giullare, cantante imprecazioni alla città distrutta, e vigliacche lodi all'invito esterminatore. Traversando il cortile, e udendo che all'infame inno seguiano romorosi applausi de' festeggianti, l'Abate disse tra sè, e non errava:

--Quegli applausi t'inorridiscono, povera Beatrice! e forse ti fanno piangere amaramente sulle colpe dell'indegno tuo sposo!

Non andò guari che Guglielmo si fece annunciare. Egli fu tosto introdotto colle compagne. Queste si gettarono a' piè dell'Imperatrice, ed ella benignamente rialzandole, abbracciolle e disse a Rafaella:

--Rincoratevi, buona giovane, la sventura vi perseguitò molto; avete diritto ad un po' di pace, e spero che la godrete d'ora innanzi.

Poi voltasi ad Alberta:--E voi pure perseguitò molto la sventura; quelle perdite vostre che potrò ristorare saranno ristorate.

Accennò quindi loro Ernesta di Sassonia, e disse alle ospiti la virtù di questa principessa, alla cura della quale era lasciato il provvederle d'ogni occorrente.

--Or siete in casa vostra, ripigliò.

--Senza neppure conoscerci? sclamarono quelle commosse di gratitudine.

--V'ingannate; l'Abate di Staffarda mi parlò di voi; e chi merita la stima di tali uomini merita anche la mia.

Dopo ciò, interrogata Rafaella sopra le patite sventure, questa narrò con modestia e candore i felici giorni, che già passava al lato de' genitori, e toccò degli infelicissimi che seguirono. Soggiunse che, le vettovaglie essendo scarsissime nella moltitudine di popolo, in cui dopo la distruzione di Milano, si trovarono, alcuni Religiosi faticavano a radunare soccorsi ed ivi portarli, e fra questi religiosi erale apparso, con alta sua sorpresa, l'Abate di Staffarda, il quale carico d'una bisaccia, e accompagnato da un monaco più carico ancora, distribuiva pane ai famelici. Il monaco suo compagno mi confessò (proseguì Rafaella) che per fare in tutti questi giorni tali elemosine, si condannavano ambedue al più rigoroso digiuno.

--Ma si può dare un indiscreto ciarliere, come frate Uguccione? pensò, arrossendo, il santo vecchio.

Beatrice conobbe dal linguaggio di Rafaella che la sua educazione, ad onta dell'oscura nascita, era gentile; ma ciò che in lei più le piacque fu la tenerezza, colla quale parlava de' genitori e del fratello, e la gratitudine sua

87

sì espressiva eppure sì dignitosa verso chi la beneficava. Il volto di lei spirava ad un tempo innocenza ed abitudine di pensieri elevati. Sparito era il vermiglio delle guance, ma il pallore che le copriva, mentre non ne scemava la bellezza, induceva anche a pietà ed a rispetto. Al primo istante l'Imperatrice erasi soltanto proposto di proteggerla, per farla ritornare con sicurezza nel seno della famiglia; ma ascoltandola e mirandola, sentia sorgere maggior desiderio di consolarla e di contribuire alla sua felicità. Ella riflettè con rincrescimento fra sè, che niuna delle dame che la servivano sembrava così capace di retribuire confidenza per confidenza, di vincolarsi con generosa e piena dedizione ad una vera amica. Ernesta era tra le migliori che la circondavano, ma la sua amicizia parea fredda all'anima ardente di Beatrice.

Venne a Beatrice il pensiero che la Provvidenza le avesse condotta Rafaella, perchè trovasse in lei ciò che non avea mai trovato in altra creatura: un cuore nè più debole, nè più forte del suo, un'immaginazione uguale, un simile bisogno di vita interna, di dolce mestizia e di religione; ma non nella solitudine assoluta e non nella compagnia di anime dissipate o avare d'affetto.

Due o tre volte respinse quel pensiero, dicendosi che Rafaella amava troppo i genitori, nè potea esser contenta lontana da loro; e fors'anco dicendosi che una Imperatrice può essere biasimata se non elegge le sue famigliari fra persone d'illustre nascimento. Oh quanti penosi doveri, quanta severità di decoro, quanta freddezza impone un diadema! Ciò ben sapea Beatrice: ma ne' colloqui ignorati com'era questo, godea di nascondere la maestà del grado e d'avvicinarsi agli inferiori. E quando negl'inferiori scopriva sotto l'amabile velo della loro umiltà, una grandezza di sentimenti che li facea degni di stima, oh con qual dolcezza, con qual sincera cordialità li onorava!

Alfine s'alzò, e presa per mano Rafaella:--Qui presso è la stanza tua, le disse. Io sono tua madre, seguimi.

Sorrise a Guglielmo. Questi s'inchinò, benedisse la soccorritrice e le soccorse, ed uscì asciugandosi gli occhi e dicendo al Signore:--Tu affliggi gli uomini per nobilitarli, e ti ricordi del loro dolore; e le consolazioni che appresti sono pur molte!

Per qualche tempo Rafaella stette ignorata a corte. Villigiso occupato da cure guerriere non ebbe contezza di lei. Il solo Manfredo informato da Guglielmo delle vicende di lei, venne a vederla e si congratulò assai che fosse uscita salva da tanti pericoli. A lui consegnò Rafaella una lettera pel padre, nella quale gli partecipava quanto era accaduto. Berardo, non molto dopo, rispose alla figlia col più tenero affetto, raccomandandole caldamente d'usare a favore del fratello prigioniero la buona sorte ch'ella aveva d'esser al fianco dell'Imperatrice. Ma non era d'uopo stimolarla a ciò. L'Imperatrice passava con lei ogni giorno alcune ore di confidenza, e sempre più le si affezionava; e Rafaella non desisteva dal supplicarla di parlare a pro d'Eriberto all'Imperatore.

Più volte Beatrice l'esaudì, ma indarno. Federigo stava più immoto che mai nel pensiero di usare rigore, dacchè il feroce esempio dato contro Milano sortiva i successi da lui più bramati. Brescia, Piacenza e ad una ad una tutte le altre repubbliche dianzi pertinaci nell'indipendenza, s'affrettavano ad umiliarsi e a comprare il perdono con somme esorbitanti di danaro, con ismantellare le mura, colmare le fosse, rendere le castella, ricevere i podestà e promettere di guerreggiare a servizio dell'Imperatore, non solo negli affari di Lombardia, ma fino a Roma e nel regno di Sicilia, s'egli lo imponesse. Turisendo da Verona fu l'unico che negasse di curvarsi dinanzi agli stendardi imperiali, e dalla rocca di Garda, ov'era chiuso, tentasse scuotere a nuova baldanza le cadute città.

Federigo insuperbito da tanti trionfi, credea facile a superarsi gli ostacoli che rimaneano al soggettamento dell'intera Italia. La sua folle ebbrezza ascese a tal segno ch'egli non dubitò di dare in feudo a' Genovesi la città di Siracusa ch'egli non avea, nè poscia ebbe mai, ed altri futuri possedimenti immaginarii[4].

[4] _Siracusanam civitatem cum pertinentiis suis et ducentas quinquaginta caballarias terrae in valle Nothi, etc. in unaquaque civitate maritima_, quae propitia Divinitate a nobis capta fuerit _rugam unam, eorum negotiatoribus convenientem, cum ecclesia balneo, fundico et furno, etc._ (V. Annali d'Italia del MURATORI).

Mosse egli alquanto dopo, con poche delle sue forze in Romagna, e l'animo cadde pure a Bologna, Imola, Faenza, che tosto furono imitate dalle città vicine. Un conquistatore abbastanza forte da compiere lo sterminio d'una città principale come Milano non ha più bisogno, per alcun tempo, se non del suo nome per soggiogare tutto ciò ch'egli minaccia. Se l'orgogliosa fiducia di Barbarossa fosse stata durevole, s'egli avesse osato di portare il suo intero esercito nel mezzodì della penisola, e fors'anche soltanto di percorrerla con poche falangi armate d'accesi tizzoni, è verosimile che niuna opposizione sarebbe stata gagliarda, e lo stesso Re di Sicilia avrebbe perduto il suo Stato.

Forse ciò che fe' titubare l'arrogante Federigo e salvò l'Italia da sì piena invasione fu una cosa che parea di piccolo momento; la ostinata difesa cioè d'un uomo solo in Lombardia, di quel Turisendo che, schernito come un pazzo dall'invitto domatore di provincie, pure segretamente era temuto. A cagione di esso convenne lasciare buona parte dell'esercito nell'Alta Italia, e Federigo s'innoltrò a mezzogiorno con tanta lentezza e diffidenza, che lo spavento comune ebbe tempo ed agio di cessare alquanto. L'audacia di Turisendo era sì straordinaria, che Federigo non potea riputarlo privo di grandi appoggi. E siccome questi non apparivano, egli li sognava in macchinazioni di principi del suo seguito, i quali se gli fingessero amici. Il conflitto avvenuto nel campo tra le diverse schiere imperiali nella resa di Milano avea a' suoi occhi una misteriosa significazione. Turisendo a parer suo era il ministro d'una forte volontà di molti, d'una congiura tanto più formidabile, quanto più sfuggente all'indagine. Fra i prigioni lasciati in Pavia perchè scoprissero le fila della sospettata trama, alcuni erano stati altre volte in intima relazione con Turisendo; e ciò rinforzava i sospetti. Nè quindi alcuna misericordia era possibile per Eriberto, o per qual si fosse di quegl'infelici, se non col farsi rivelatori d'importanti segreti.

Per colmo di sventura, l'Imperatore avendo conosciuto nel sire di Mozzatorre un'anima feroce quanto la sua, l'aveva da Bologna mandato a Pavia, perchè accelerasse l'inquisizione de' rei e le condanne.

Villigiso aveva una lettera di Federigo per l'Imperatrice, ma ella se la fece lasciare e non volle vederlo. Sapendo egli ch'ella non viveva tanto segregata, che non accogliesse molti altri cavalieri, l'esclusione avuta lo perturbò; ed esploratone il motivo, pervenne ad aver contezza, che Rafaella viveva ricoverata presso di lei.

Arse di rabbia ciò udendo, e cominciò a vendicarsi col vietare al custode delle carceri di più permetterle, come aveva fatto sino allora, di visitare alcune volte il fratello. Questa fiera proibizione accorò e spaventò Rafaella. Ben vide la misera ch'Eriberto ed Ottolino eranoperduti se non riuscivasi a placare lo scellerato. L'abate di Staffarda assunse dapprima di parlargli: ma Villigiso fu sordo. Lo zelo della fedeltà e della giustizia sembrava animarlo tutto. Alla proposta di rendere miti i giudici Villigiso si sdegnò, e disse inutile l'intercedere, nè potervi esser clemenza per tali rei.

Riferita a Rafaella questa dura risposta, ella proruppe in lagrime e scongiurò l'Imperatrice di non tralasciare alcun mezzo per salvare Eriberto. L'Imperatrice stessa pensò allora di parlare al sire di Mozzatorre, e lo fece chiamare a sè.

Venendo colui al cospetto di Beatrice, grande vergogna l'assalì, nell'immaginare che avrebbe forse ivi trovata Rafaella. Nè mal s'apponea. L'Imperatrice aveala voluta tener presente al colloquio, parendole che al vederla si sarebbe dovuto destare nel malvagio una confusione salutare.

Egli piegò il ginocchio innanzi l'Imperatrice e gettò un fuggitivo sguardo sopra Rafaella, la quale fece molto sforzo a non lasciar trasparire l'avversione ch'egli le ispirava.

L'Imperatrice gli disse:--Sire di Mozzatorre, la Provvidenza trasse presso di me questa buona giovine, che voi conoscete. Ciò basta perché intendiate ch'io non ignoro il danno che cercaste di recarle. Ma siccome un errore, per quanto sia grave non iscancella sempre in un valentuomo tutta la sua virtù, nutro desiderio ad anzi fiducia, che la virtù vostra sia tale da rendervi così sollecito della pace di questa giovine, quanto foste corrivo a turbargliela. La sua pace dipende ora dal destino di suo fratello. Sottraetelo dalla rovina; la vostra Imperatrice ve lo chiede.

Villigiso rispose:--La maestà vostra mi giudica benignamente, e non s'inganna. Forse le parrei anzi più giustificabile, s'ella sapesse, ch'io non avrei mai pensato a porre la figliuola di Berardo nel castello di Mozzatorre, qualora, all'occasione d'un incendio, ella non fosse stata rapita da masnadieri e portata a me da questi, per averne guiderdone.

--Voglio crederlo, disse l'Imperatrice.

E Villigiso rispose:--Ma non sì tosto fu nel mio castello, che io da Saluzzo, dove mi ritrovava, fui costretto a partire immantinente per l'esercito. Imposi allora a' servi, ch'io reputava fedeli, di renderla a' genitori; ma gli scellerati disobbedirono; nè di quanto avvenne dappoi io ho colpa veruna.

Dicendo queste parole, Villigiso guardò Rafaella, e impallidì sembrandogli di scorgere un amaro sorriso d'incredulità e di disprezzo.
Nomato di nuovo Eriberto dall'Imperatrice, Villigiso si scusò di non poter far nulla per lui, allegando che l'ufficio datogli dall'Imperatore non lo costituiva giudice, ma invigilatore sopra l'equità de' giudici.

--Sarei un fellone, soggiunse, ove dessi opera a distorre i giudici dal pronunciare secondo la coscienza. Se Eriberto è innocente, i giudici nol condanneranno. Quanto a me, bramo, più di così non posso dire, bramo di salvarlo.--Egli pronunciò queste parole coll'apparente energia della sincerità, e sembrava significare: «Non posso dirvi d'esser pronto a salvarlo, s'anco egli sia reo, ma pur non dicendolo, il farò.»

L'Imperatrice prese un contegno meno freddo, e movendo un passo verso lui:--Cavaliere, gli disse, non vi chiediamo promessa maggiore di quella che fate, e l'espressione che ponete nel farla ci rassicura.

--Da voi pende il concedermi l'accesso al carcere d'Eriberto, soggiunse Rafaella. Deh, appagatemi in ciò!

Villigiso esultò d'udirsi da lei pregato con sì supplichevole accento, e disse che, sebbene tali visite fossero vietate a tutti i congiunti de' rei, avrebbe provveduto perchè fosse soddisfatta. Beatrice lo congedò con quelle parole di benignità che più sarebbero state atte con ogni altro ad eccitare un'ambizione generosa; ma nell'ipocrita prevaleano troppo i rei affetti ond'era viziata quell'anima.

La prima volta che Rafaella tornò a visitare Eriberto era accompagnata da Guglielmo. Nol trovarono più nel carcere salubre, ove stava dianzi, ma in orrendo sotterraneo, ove appena dall'alto penetrava debole raggio di luce, e ove l'umidità era tale che le pareti gocciolavano. Il custode disse essergli stato imposto questo mutamento, nè saperne il perchè.

Eriberto l'attribuiva ad artifizio de' giudici, per accrescerne le angosce, e così indurlo a mercare la salute con supposte rivelazioni.
Nel luogo di prima egli avea il conforto di vedere in lontananza dai cancelli l'amico Ottolino; d'udire il suo canto e di scambiare qualche cenno o parola con lui. Qui invece la solitudine era piena. Oh quanto orrenda parve anco a Rafaella, e per compassione di lui, e perch'era a lei pur sì dolce il vedere dai cancelli Ottolino e udire la sua voce!

L'intenzione supposta da Eriberto ne' suoi tormentatori non era la vera cagione del traslocamento. Villigiso voleva operare nuovo terrore in Rafaella, e così farle sentire maggiore bisogno di sè. Ella intese l'arte furbesca; e però tornata dall'Imperatrice proruppe in dirottissimo pianto, scongiurandola di salvare il fratello, la cui sorte vedeva oggimai disperata. Beatrice pianse con lei, e fremette d'aver meno potere sopra l'animo dell'Imperatore, che scellerati simili a Villigiso. Allora Rafaella, nell'impeto del suo dolore, manifestò all'Imperatrice le sue angosce eziandio per Ottolino.

--Oh mia diletta, sclamò Beatrice, stringendola fra le sue braccia. Che mai mi rivelarono quel tuo sguardo e quella tua voce affannosa! Tu ami Ottolino? oh doppia sventura!

--Non oso negarvelo, ripigliò Rafaella, singhiozzando e nascondendo il suo volto nel seno di lei: ma oh me infelice! me infelice!

--No, Rafaella! sclamò l'Imperatrice vivamente commossa. Avrò io assunto indarno di fare la tua felicità? Tu non osavi di supplicare se non per la vita del fratello; ma la sua e quella di Ottolino debbono esser salve. Chiederò a Federigo questa grazia con tale e tanta insistenza, che la strapperò a viva forza dal suo cuore. Domattina partiremo per Bologna.

93

La partenza fu decisa. L'Abate di Staffarda l'approvò; e Villigiso udì, il giorno appresso, con istupore, che Beatrice e Rafaella non erano più in Pavia.

Beatrice Di Borgogna, moglie di Federico Barbarossa da:
http://commons.wikimedia.org/wiki/File:Wolleber_-
Chronik_des_Hauses_Zaehringen_4.jpg?uselang=it

CAPO VIII.

Ottolino.

Poco mancò che le trepide speranze di Rafaella non fossero tronche per sempre. Imperocchè Villigiso non dubitando che l'Imperatrice fosse ita a Bologna per impetrare clemenza da Federigo ai due accusati, divenne furibondo e mosse ogni pietra, acciocchè ambidue venissero tosto sentenziati come felloni ed autori della zuffa ingaggiata nel campo cesareo. E il reo intendimento gli sarebbe riuscito, se Guglielmo non avesse con preghiere e minaccie indotti i giudici a non eseguir nulla sopra i due imputati, senza darne prima contezza all'Imperatore.

Beatrice giungendo a Bologna, fu ricevuta dallo sposo colle usate dimostrazioni d'amore: ma quando ebbe aperto il motivo della venuta, e riferite le colpe di Villigiso verso Rafaella, l'Imperatore s'acciglió, quindi rispose:

--Se io dovessi punire tutte le pazzie de' miei guerrieri, non avrei più chi militasse con me. Quanto ai due giovani, di cui mi parlate m'informerò della loro condotta dai giudici, e dove sarà possibile userò loro clemenza.

Il giorno appresso come Beatrice tornò a parlargli d'Eriberto e d'Ottolino, egli le fece leggere il foglio che recava la sentenza capitale pronunziata contro di essi e la risposta, colla quale egli commutava loro la pena con quella del perpetuo carcere nel castello di Gramborgo in Isvevia.--Più di questo, soggiunse, non mi è sembrato di poter fare senza iattura della giustizia.

Questa fera notizia lacerò il cuore di Rafaella, se non che il sapere assicurata la vita de' suoi diletti, la confortò pure a nuove speranze.
Quali furono pertanto le sue nuove angosce, allorchè dopo non molti giorni intese che i due prigioni, insieme con altri, prima di uscire d'Italia, aveano incontrato una squadra mandata da Turisendo, la quale tentò di liberarli, e ad alcuni era riuscito di profittare del tumulto della pugna, per fuggire! Più tardi le fu noto ch'Eriberto non era stato degli avventurati, bensì Ottolino. Questi afflittissimo che l'amico fosse rimasto fra i prigioni, appena potea gustare la dolcezza d'essere libero. Egli mosse i suoi liberatori a nuovi assalti, ma il drappello che conducea le vittime s'era rinforzato di numero, e rimase vincitore.
Ottolino si ritirò finalmente alla rocca di Garda, e fu accolto dal capitano con amore.

95

La rocca veniva assediata ogni giorno più strettamente da Bergamaschi, Bresciani, Veronesi e Mantovani comandati dal Conte Marquardo. Ottolino, in parecchie sortite, ebbe opportunità di mostrare non minore prodezza che senno; talchè traeva talvolta sè ed i compagni da pericolose insidie, e rapiva vittorie che sembravano disperate. Natura avealo inclinato al mestiere dell'armi, ed ora aumentavano il suo desiderio di gloria due passioni divenute violente: l'ira contro Villigiso, e l'amore, che le sventure e la lontananza di Rafaella rendeano viepiù vivo, fervido, immaginoso.

Ottolino, sebbene non immune da alcuni pregiudizii del suo tempo, rendeasi nondimeno notevole per una vita dignitosa, pia e cristiana. Per che tutti i suoi compagni lo amavano; e per quasi un anno, che durò ancora l'assedio, ebbero campo di ammirare in lui, come possono unirsi un animo altamente pio ed un esimio valore. Alcuni poi di loro, fatti prigioni, ricantavano a' cavalieri di Federigo, e citavano con orgoglio i suoi detti e i suoi fatti.

I versi del guerriero saluzzese pareano forse migliori che non erano a cagione della stima che spandeasi dalle sue virtù. I trovadori li imparavano e portavanli per diverse parti d'Italia; nè guari andò che le sue cantiche furono note alla corte dell'imperatore. E chi le cantava ridicea l'odio d'Ottolino alle male arti e a tutte le passioni volgari.
E Rafaella inteneriasi: e le dame la guardavano quali con occhi di giubilo, quali con invidia: e Beatrice sorrideale, poi scrutava coll'occhio i pensieri di Federigo, e vedea che pur fingendo di applaudire, ne concepiva dispetto. Specialmente egli fremea, quando Guelfo sclamava:--Bravo il mio Ottolino! hai fatto egregiamente a spezzare le tue catene. In Gramburgo non avresti poetato così!

Federigo tralasciando per allora l'impresa di Puglia, era tornato nell'Italia settentrionale; e benchè vedesse quanto il terrore tenea mute le città vinte, non era senza sospetto per l'audacia stranissima de' guerrieri di Garda, e per quella ch'indi sembrava potersi destare in altre città. Nondimeno l'assedio progredì tant'oltre, che Turisendo trovossi ridotto alla fame. Ma prima d'arrendersi volle fare un'ultima prova, e mandò segretamente nuovi legati a Verona, a Brescia, a Piacenza ed a Tortona. A quest'ultima andò Ottolino; e se quelle genti fossero state pronte a sorgere insieme, Turisendo sperava di non essere obbligato a cedere. Ma la sua speranza fu delusa; giacchè i soggiogati prometteano di sorgere e niuno voleva essere il primo; sì che giunse il giorno in cui Turisendo consentì a capitolare.

Il suo nome era sì formidabile, ch'egli ottenne d'uscire della rocca a patti onorevoli. Egli ritirossi alle sue castella ne' monti del Veronese; e i suoi compagni trassero in diversi luoghi, come meglio loro venne concesso. Parecchi presero arme al servizio di Venezia, la quale era in guerra con Ulrico Patriarca d'Aquileia. E fu allora che, assalito il Patriarca per mare e per terra venne sconfitto e fatto prigione nell'ultimo mercoledì del carnevale. Onde seguì quel ridicolo accordo, che il Patriarca accettò per riacquistare la sua libertà: e fu di pagare ogni anno in tributo al Doge dodici porci grassi e dodici grandi pagnotte. E Venezia fe' statuto che a que' dodici porci e ad un toro, figurante questo il Patriarca e quelli i suoi consiglieri, si tagliasse ogni anno la testa nel giorno del giovedì grasso sulla pubblica piazza; il qual uso durò sino al cadere della repubblica.

Dolse ad Ottolino, quando giunsegli a Tortona la notizia della resa di Garda; ma ben avea veduto essere evento inevitabile, dacchè niuno osava d'alzare gl'invocati stendardi. Frattanto ch'egli esitava a qual partito s'appiglierebbe, e meditava se alcuna via se gli aprisse per rivedere Rafaella; i Pavesi comprarono dall'Imperatore il diritto di smantellare Tortona. Essi gli rappresentavano ch'era stata riedificata in obbrobrio di lui; tuttavia egli non consentì che diroccassero altro che le mura.

Era un mattino, ed ecco venire precipitosamente a cavallo un profugo Milanese il quale gridava:--Apprestatevi alla difesa, o alla fuga. Tutta Pavia corre a questa volta, a sterminarvi!--Il tristo nuncio fu condotto innanzi ai magistrati, e riferì loro d'essere uscito di Pavia nel medesimo tempo che usciva la turba de' devastatori, e di precederla quindi di poco. Sperarono i Tortonesi un istante ch'egli delirasse; ma la sua favella e le sue lagrime erano tali, che spiravano fede; sì che la città s'empiè di spavento e di grida miserande.

Non molto dopo una scolta, dalla cima d'una torre vide brulicare la turba nemica, e gridò all'armi. Uomini, donne e fanciulli corsero allora, gli uni a svellere le pietre dalle strade e portarle sulle mura, gli altri ad assestarvi i mangani. Già una volta questo infelice popolo avea veduta rasa al suolo la sua città, nè volgevano più che sette anni dacchè i Milanesi l'avevano rifatta

97

più bella di prima. E que' dolci focolari, quelle superbe torri, quelle venerande chiese sparirebbero di nuovo dalla faccia della terra? Questo crudele presentimento toglieva il coraggio dal cuore di tutti, e fra le urla di disperazione udiansi sclamare:--Sottomettiamoci a condizione che non si dirocchi l'intera città!

I più bellicosi deploravano di non avere ascoltato gl'inviti che a nome di Turisendo era venuto a fare Ottolino. Se Tortona si fosse mossa pochi dì avanti, altre città l'avrebbero forse imitata; ed allora i nemici assaliti da più punti, non avrebbero avute forze per distruggerla. Ottolino fu consultato, e rispose:--Poniamoci in sulle difese, e se l'intento de' nemici è di sterminare la città, moriamo prima che cedere.--Le parole corsero per tutto il popolo, e questi gridò:--Sì! sì!--Ma come prima giunsero i Pavesi, un orrendo proromper d'imprecazioni e di minaccie fu il massimo sforzo che fece il popolo.
Passato quell'impeto d'ostentazione, appena ebbe udito annunciarsi da un araldo che l'Imperatore permetteva solo lo smantellamento delle mura e l'abbassamento delle torri, i più avvisarono doversi cedere, piuttosto che attrarsi maggiore danno. Fu dimandato giuramento a' Pavesi che non saccheggerebbero, nè diroccherebbero alcuna abitazione, e questi lo prestarono. Allora i cittadini abbandonarono le mura, e si raccolsero ne' loro tetti e ne' loro templi a pregare Dio che la fede fosse tenuta.
Senonchè i capitani pavesi voleano tenerla, ma la turba non obbedì. Antico odio ed avidità li spinse immantinente al saccheggio. Indi il fuoco venne appiccato in varie parti della città; e gli oppressi pensarono, ma troppo tardi a difendersi. Una feroce battaglia empì di strage le rovine, nè una casa fu salvata. I vinti errando desolati per le campagne, e volgendo il capo a mirare il luogo ove ieri stava la loro patria, diceano:--Oh misera Tortona! Milano il cui possente braccio ti rialzava dalla polvere, ora non è più.

Ottolino fremeva: il suo cuore era straziato dallo spettacolo di tanta miseria. Non sapendo che farsi e pur desiderando di rivedere Rafaella, prese le mosse verso Pavia, meditando tristamente sopra i mali onde ingombra è la terra, e chiedendosi se brillerebbe mai lampo di felicità per lui.

Dopo lungo cammino annottò, e sopravvenne pioggia dirotta: ond'egli consigliossi di ricovrare ad un tugurio, ov'anco invitavalo la strana cosa che era, per quei tempi, l'udir uscir di colà lieti viva e suoni di strumenti nuncii

98

di festa nuziale. Venne accolto ospitalmente e condotto in cucina, perchè s'asciugasse e scaldasse al focolare. Ivi la madre dello sposo gl'imbandì una fetta di polenta di miglio ed un bicchier d'acqua, giacchè il vino era stato bevuto al povero banchetto di nozze.

Poi la buona donna invitollo a passare nella stalla, ove si ballava ed ove il cavallo di lui era già allogato in un angolo, accanto alla vacca ed all'asino. Ottolino ito nella stalla stupì vedendo la pienissima gioia, cui s'abbandonava quell'innocente brigata; e poich'ebbe salutato cortesemente la festeggiata coppia, s'assise sopra una panca, fra la madre dello sposo, ed un vecchietto, nonno della sposa:--E' pare, disse Ottolino, che le sciagure, onde ogni terra intorno è desolata, siano state più miti che altrove sul vostro tetto, lo spettacolo della vostra allegrezza allevia il mio cuore oppresso da lunga mestizia.

--Oh Santissima Vergine! disse la donna. Abbiamo patito la nostra parte anche noi; e Dio sa come andrà in avvenire! ma finchè ci è dei giovani sulla terra, che volete ne facciamo? Bisogna pur maritarli.

--Se abbiamo patito! disse il vecchio. Ecco là quella poveraccia di Maria (accennando la sposa): è tutto ciò che avanza della mia casa. Suo padre era il mio primogenito. Egli e sei altri figliuoli mi furono rapiti dalle guerre, e voi vedete come venni trattato io, per aver tentato di portare vettovaglie a' Milanesi durante l'assedio (e ciò dicendo traeva di sotto il giubbone un braccio monco). Il mio casolare fu bruciato, una volta da' ribelli ed un'altra dagl'imperiali. La moglie, di buona memoria, perì nelle fiamme; e non la ricordo senza lagrime! ch'era una moglie amorevole e laboriosa e piena di timor di Dio. La mia comare lo sa. Ed oh! anche la mia comare ha la litania di dolori. Se sapeste come quegli omicidi, ott'anni sono, le strapparono dalle braccia il marito e tre figliuoli, e.... Basta. Preghiamo misericordia a tutti, uccisori ed uccisi. _Il Signore diede, il Signore tolse e fu fatto come volle il Signore. Sia benedetto il nome suo!_

--Sia benedetto! sclamò Ottolino. Il Signore è mirabile in ogni cosa e più nell'animosa pazienza che dà ai buoni infelici. Ma forse perchè io sono meno buono di voi, i mali che incontrai finora m'hanno scorato e quella pazienza che mi resta è senza gioia!

--Non la mia! non la mia! gridò il vecchio, asciugandosi gli occhi.—Ed alzatosi dalla panca, corse zoppicando alla nipote, e coll'unica mano che a lui restava, l'impalmò e disse.--Tu dimentichi il nonno, figliuola. Tocca a me a far teco il ballonchio. Animo, sonatori! soffiate in quelle pive, che se non c'è vino, beveremo acqua; e coraggio!--Tutta la brigata rispose con viva e grida di gioia, e lunghi schiamazzi di risa seguirono, sicchè Ottolino per simpatia diessi a ridere anch'egli. La madre dello sposo ridea più forte di Ottolino, e stringendogli famigliarmente la mano lo guardava, gli mostrava i lazzi del nonno e raddoppiava lo sghignazzo, e balbettava parole ch'ella non potea terminare. Ottolino non capiva perchè costei ridesse così cordialmente, nè che dicesse, e scoppiava anch'egli in risa ognora più sgangherate. Un tal ridere quando avviene fra molti e si prolunga qualche tempo, diventa infrenabile, quand'anche niuno sappia donde sia mosso, ed in appresso tutti sieno stupiti d'aver goduto tanto spasso.

Nelle feste de' contadini quegl'impeti d'allegria poco eleganti ma benefici, si destano facilmente. Ottolino aveali conosciuti tra i contadini del suo paese, ed or gli parve d'essere trasportato ne' felici anni della puerizia. Egli e la vecchia ridendo si dondolavano l'uno più stranamente dell'altro, si stiracchiavano per le mani, battevano or con questo or con quel piede la terra, e così, senza accorgersene postisi in moto di danza, finirono per seguire il vortice de ballerini. E così si sarebbe continuato chi sa fino a quando, se alcuni non si fossero accorti che gli sposi non erano più nella stalla; sgombrò così la lieta brigata; ed Ottolino, contento d'un'altra fetta di polenta e d'un bicchier d'acqua, andò a dormire sopra il fenile.

La mattina congedossi da' buoni ospiti, e durò fatica a far loro accettare qualche moneta. Quel tugurio spirava povertà; e nondimeno tutti v'erano sì gioviali, sì discreti ne' loro desiderii, sì poco solleciti dell'avvenire! Non è questa la vera saviezza? Piangere un momento sotto i più aspri colpi della sventura indi riconfortarsi con innocenti risa, e benedire sempre Iddio nel dolore come nella gioia, finchè gli piaccia di coronare la nostra pazienza e il nostro amore cogli eterni guiderdoni che egli promise a tutti i buoni, e più particolarmente a coloro che molto patirono? Questa sì è vera saviezza; ed Ottolino, venerandola, sentiasi sollevato.

Egli cavalcava fischiando e cantarellando, e comandava a sè stesso di voler essere d'indi innanzi come costoro. Ma è più agevole dire—Voglio esser savio--che essere. Un fermo perenne volere, non s'acquista ad un tratto; è opera di lunghi sforzi, e vacilla ad ogn'ora, finchè non è mutato in abitudine. Tornava Ottolino a sospirare e dicea: Que' poveri contadini almeno fanno in pace i loro matrimonii; rari contro ciò sono gli ostacoli. Allora tanto e tanto si possono soffrire in pace le sventure. Ma amare Rafaella e non poterla ottenere! ed essere profugo e ribelle, mentre essa è alla corte del Principe, contro cui strinsi le armi! oh questa sì che è sventura importabile. E saperle vicino il perfido barone di Mozzatorre, che già una volta ardia di rapirla, che non cesserà d'insidiarla! Eppure vo' rivederla e udire da lei ciò che mi debba fare di quest'inutile vita che or sì mi pesa, ma che ridiverrebbemi cara se ella mi dicesse: Ecco una meta; volgila a quella!--Ma tosto gli si affacciava il certo pericolo, a cui si esponeva coll'andare dove assai era conosciuto, e dove non altro poteasi aspettare che il carcere e la morte come fuggitivo e ribelle.

Tra questi contrarii pensieri egli camminava lunghe ore, indeciso del luogo, a cui dovesse trarre, e stanco della vita. Giunto in una foresta udì il suono d'una campana, e ricordò la foresta di Staffarda e la campana del monistero, ov'era stato educato col suo diletto Eriberto, e tutte le dolcezza d'un'età di speranze carissime, niuna delle quali s'era verificata. Oh avess'egli potuto cancellare alcuni anni della sua vita e ritornare a quell'età! Come le soavi reminiscenze attristano ed incantano l'infelice! Com'egli sente che l'esperienza del mondo non è altro, se non esperienza di molti mali e di pochi beni!

Seguì il suono della campana e giunse ad un monistero.--Qui mentre le città cadono, è vera pace! gridò. Benedetto chi seppe apprezzarla fin dalla gioventù! Benedetto chi non pose, come io, la sua gioia nelle pugne, ma nel rendere lode a Dio, e pregare per gli sventurati, e dividere santamente il proprio pane con essi!

Gli parea che il rinunciare quivi, nonchè a tutte le umane fortune, ma perfino all'amor suo per Rafaella, e finire il resto della vita ignorato da' popoli e da' principi fosse un sacrifizio che il Cielo domandasse da lui. Entrò nella foresteria, e postosi a favellare col padre Cellerario, gli aperse i suoi dolori, e i nuovi suoi desiderii.--Qual frutto coglie l'uomo quaggiù dai suoi lunghi aneliti? Massimamente quando le città sono divise, i popoli in guerra tra loro, l'iniquità e la perfidia trionfano, non è egli prudente consiglio ritrarre il piede da un secolo sì corrotto affine di non restarne insozzato? Me illuso! il quale credetti essere mia vocazione il combattere per la giustizia, mentre giustizia nel mondo non può trovarsi, se non fuggendolo e ricoverando nelle solitudini, e lasciandoti sgozzare appo gli altari da chi ti assalga, anzichè aumentare il numero delle vittime assumendone vana difesa. Dove la società umana è tutta disordine e violenza, e gli sforzi de' migliori non bastano a guarirla, il ritirarsi nella solitudine non può essere chiamato codardia, ma pietà e saviezza. Chi cammina fra giacenti feriti che non vogliono rimedio, e si squarciano con furore a vicenda le piaghe, non è egli pio se si ritrae per almeno non calpestarli co' suoi piedi? Ovvero colui che per ogni via trova bande invincibili di masnadieri, è egli vigliacco se retrocede?

Tali erano gli sfoghi, onde Ottolino apriva al monaco il suo animo esacerbato. Egli narravagli confidentemente la sua storia e godea di parlare del santo Guglielmo, e degli altri religiosi di Staffarda, e del suo dolce compagno di studii giovanili, Eriberto, e di Rafaella, da cui oggimai dividealo intervallo non valicabile.--Oh avess'io prestato fede, dicea, quando mi si pingeano i mali del mondo e mi si consigliava di non volerli provare! Sfrenata voglia d'applausi mi faceva anelare alle battaglie: ed ahi! io son colui che versai nell'anima d'Eriberto la mia frenesia. Egli più mite, più religioso di me, si sarebbe certamente consacrato agli altari; ed oggi i suoi parenti lo vedrebbero venire dal chiostro vicino a confortarli nelle pene della loro vecchiaia, e benedirebbero lieti Iddio con esso lui. Struggonsi invece nel dolore, orbi del caro figlio! ed egli langue in carcere lontano! e forse non mirerà più mai il sole; e se un dì pur riede tra i viventi e muove al paese nativo, egli piangerà inconsolabile sulla tomba de' genitori, morti d'affanno per cagion sua! Ah, la mia mente non era, no, di essere cagione di tali calamità. Ma se ne fui cagione per baldanza e per sete di vanagloria, adulandomi e chiamando puri i miei voleri, son io perciò meno reo? Quante volte mio padre, uso ai perigli della guerra ed invaghito di essi pur confessavami tristamente di non essere senza rimorsi e di non aver mai conosciuto a che fossero giovate al mondo le stragi, a cui avea dovuto por mano. Egli esultava talora del guerriero spirito che in me sorgea; eppure ad un tempo sospirava e diceami:--Tu sarai felice!--Egli m'avea fatto dirozzare l'intelletto più che non era dirozzato il suo; non era quindi io in obbligo di giudicare più rettamente di lui e d'abborrire quel mestiere di fratricida? Oh mio Dio! illuminami e non imputare a mio padre gli errori miei, ed insegnami a ripararli, affinchè il suo intento, ch'era di farmi servo a te fedele, sia coronato, ed ei n'abbia eterno premio da te!--

Il solitario, che prudente uomo era quanto benigno, e a cui non era quella la prima volta che gl'incontrassero simili cose, ascoltava il giovine con paterno affetto e si studiava di penetrare colla mente nei misteri di quell'anima tumultuante. Come Ottolino ebbe compito il suo racconto, il monaco così prese a parlargli:--Figliuolo, la tua cordiale confidenza mi commuove, più che non pensi. La parte che avesti alle guerre ond'Italia è devastata, non è grande, stante i verdi tuoi anni; ma basta a turbare una coscienza dignitosa ed onesta. Ti compiango e t'auguro pace. Nondimeno bada che pace è malagevole a rinvenirsi sulla terra. I monisteri possono darla e la danno di fatti; ma solo a quelli che vi vengono chiamati da superna ispirazione divina. Or io non retribuirei la tua schiettezza, se non ti dicessi apertamente che il tuo repentino mutamento di brame e pensieri, più che da invito del cielo, muove in te da scoramento per le incorse sciagure e da fallita speranza d'appagare un amore. Ciò non basta, o figliuolo, all'alto passo, a cui tu vorresti affidarti. La tua inesperienza non ti fa pensare all'immenso pericolo che si ha ad obbligarsi a vita angelica cogli affetti e colle forze di uomo, senza vera vocazione dall'alto. Un tal pericolo cresce poi oltremisura per chi abbia sortito dalla natura spiriti vivi ed impazienti, come in te mi rivelano il tuo sguardo e le tue parole. Le anime ardenti, avvezze ad operare, invano per melanconia o stanchezza innamoransi del riposo. Dopo alcun tempo tornano ad abborrirlo. Un bisogno più potente della ragione li concita ad agitare sè e gli altri; e allora niuna regola monastica è scudo che le francheggi. L'interna inquietudine proromperà finalmente al di fuori, e potrà traboccarle ad eccessi più indegni della misericordia di Dio, che non siano gli errori stessi de' mondani.

--A tempi in cui questa barba, ora canuta, nereggiava come la tua, e questi occhi semispenti dardeggiavano come i tuoi, io prima d'invaghirmi degli altari cinsi la spada e la rotai parte ad utile, parte a danno della giustizia; ma se il danno accadeva, non era voluto da me. Nondimeno fui trascinato a colpe, o mi parvero tali; e per vergogna e rimorso mi ritrassi dal mondo. O beate le gioie dell'eremo, pure, esultanti, divine; ch'io gustai per alcun tempo! Un amico ne partecipava anche egli con me, ed egli era della mia tempra. E pareaci che il fervore della nostra mente avesse nello studio della perfezione un campo sicuro ove esercitarsi tutta la vita, senza possibilità

103

d'errare. Questo amico--oso appena nominartelo, tant'è ora imprecato da tutti!--è il famoso Arnaldo da Brescia.

--L'eresiarca! sclamò Ottolino.

--Tu inorridisci, figliuolo, veggendo in me chi si dice amico suo. Odi. Ei non volgeva in mente eresie, quand'io dapprima lo conobbi. Egli era divorato da ardente bisogno di operare ed agitarsi; e questo lo disgustò ben presto dei silenzii e della quiete della contemplazione. Ei disse di voler viaggiare in traccia della sapienza; ed io che gli aveva posto molto amore e prevedeva i rischi, a cui il bollente suo spirito andava incontro, nol volli abbandonare. Passammo in varii cenobii: ma nessuno contentava il mio amico; tant'egli presumeva di sè medesimo. Visitammo il santo abbate Bernardo di Chiaravalle; e parve un istante ad Arnaldo d'essere chiamato ad imitarlo. Nondimeno il desiderio di maggior dottrina lo allontanò da lui e lo trasse a Parigi alla scuola dell'illustre Abailardo, ove pure splendeva l'ingegno di Pietro Lombardo di Novara, detto il _maestro delle sentenze_, ora vescovo di Parigi. Fra i discepoli d'Abailardo, il più studioso ed ardente era Arnaldo.

Allettato dalle novità del maestro, concepì il disegno di predicare contro gli abusi che egli diceva di scorgere negli ecclesiastici, e tutta la sua vita divenne un iracondo apostolato contro la ricchezza del clero. Io mi adoperava indarno a frenare gl'impeti di quello spirito irrequieto; la smania che lo invadeva era più potente de' miei consigli.

--Francia, Svizzera ed Italia lo udirono attonite bandir guerra a' prelati, ed intimare come debito degli uomini di Chiesa l'intero spogliamento d'ogni possesso. Sì gagliarda tonava la sua facondia, sì affascinante era l'esempio ch'ei dava di rigida penitenza, sì strascinante l'autorità ch'egli su molti altri monaci aveva acquistato, che non poneano in dubbio essere lui mosso da Dio; e quasichè lo scopo del Vangelo fosse più la _povertà_ che la _carità_, calpestavano questa per imporre inesorabilmente quella. Il loro delirio era della natura di quelli, che tanto più sono perigliosi, in quanto che racchiudono qualche apparenza di vero. Senza dubbio gli abusi della ricchezza degradano il sacerdozio, e povertà che muova da carità è santa. Ma Arnaldo affogava questa parte di verità in una moltitudine di proposizioni, altre esagerate, altre erronee, altre apertamente ereticali. Io me n'avvidi e gliel dissi. Ei mi respinse dal suo seno trattandomi d'adulatore de'

104

potenti e d'apostata. Malgrado di ciò io l'amava teneramente. E trovandomi a Roma, allorchè agli altri assunti, egli unì quello di suscitare il popolo a governo libero e ribellione dal Papa, lo scongiurai ancora con lagrime d'aprir gli occhi sul precipizio, al quale correva. Anche allora mi respinse e non volle quinci appresso nè più ascoltarmi, nè più vedermi. Fui certo allora della prossima sua ruina, nè i miei presentimenti fallirono. Dopo varii conflitti delle fazioni che eransi suscitate in Roma, Arnaldo fu sbandito e costretto a fuggire in Campania presso un Visconte. Ma Federigo Barbarossa che in quel tempo veniva in Roma per cingersi la corona imperiale, lo fece prendere e consegnare al prefetto della città. Il misero fu strangolato e bruciato, sparse le ceneri al vento. Ecco la miseranda fine dell'improvvido Arnaldo. Io lo piansi e lo piango ancora; e tengo per fermo essersi quell'uomo così perduto, perchè nato con forte inclinazione ad agitarsi, commise l'errore d'abbracciare, senza divina vocazione, lo stato monastico, nel quale l'irrequieta anima sua non seppe trovare altra palestra, se non quella in cui s'avventò.

--Vedi dunque, figliuolo, che un tale stato non è da tutti: e l'errore nell'abbracciarlo, senza chiamata dal cielo, potrebbe essere irreparabile. Tu pertanto ascolta il mio consiglio: smetti per ora un tal pensiero ed aspetta da Dio più chiari indizii del suo volere sopra
di te, rimanendo nondimeno presso noi in qualità di semplice ospite. La santità del luogo e la sua lontananza dai rumori del mondo ti assicureranno dalle ricerche e dalle offese de' tuoi nemici; ed io mi studierò di calmare con una santa parola le perturbazioni del travagliato tuo animo.

Ottolino, convinto dalle ragioni del solitario, lo abbracciò intenerito, e rimettendosi in tutto alla sua direzione, fermò quivi il suo soggiorno.

Raffaella ed Alberta
(trattandosi di due personaggi inventati dal Pellico
ho scelto un quadro del pittore William Dyce per raffigurarle)

CAPO IX.

La Lega Lombarda.

Ma già la stella di Federigo ecclissavasi, ed ei correva un'assai perigliosa fortuna. Cagion precipua de' suoi rovesci si fu la sacrilega e dissennata lotta in cui egli erasi cacciato contro il Vicario di Cristo; il che come avvenisse è qui da narrare brevemente.

Federigo, come fu detto, risoltosi di elevare l'impero alla monarchia universale, senza alcun potere su la terra che gli dettasse legge o ponesse alcun rattento ai suoi voleri; ben avea compreso non potergli iò venir fatto, se non si assoggettasse la Chiesa, rendendosi ligio e quasi servo il supremo Capo di lei. A tal fine egli erasi adoperato d'introdurre nel seggio apostolico l'antipapa Vittore, scacciandone il vero Papa Alessandro. Soggiogata la Chiesa, parevagli che niuno avria più osato di resistere alla sua potenza. Ma l'alta Provvidenza di Dio vegliava a confondere i disegni dell'empio.

Alessandro, di patria senese, era un Pontefice di carattere del tutto acconcio a quella terribile contingenza. Egli, quanto mite con gli umili, altrettanto alto ed inesorabile coi superbi, accoppiava alla fortezza dell'animo una singolare dottrina e una lunga esperienza nel maneggio degli affari. Stato già cancelliere della Chiesa romana in condizione di Cardinale, e Legato in negozi delicatissimi sotto il suo predecessore Adriano IV, conosceva da vicino Federigo ed aveva profondamente scandagliata tutta l'ambizione ed ostinatezza di quel magnanimo, ma traviato principe. Benchè poi, stante la sua umiltà, avesse resistito con ogni sforzo alla sua promozione; nondimeno come prima costretto a cedere alla volontà del sacro Collegio sobbarcò gli omeri al grave incarico, intese subito l'obbligo che gli correa gravissimo di conservare intatta l'indipendenza della Chiesa dalle invasioni della potenza laicale, e respingere il lupo che assaltava l'ovile di Gesù Cristo. Egli spiegò senza ambagi fin da principio il suo pensiero, allorchè avendo Federigo avuta la baldanza di mandargli ad intimare per mezzo di due suoi ambasciatori che si recasse al Concilio da lui convocato in Pavia per farvi giudicare la sua elezione; non solo respinse vigorosamente l'iniqua pretensione; ma fece loro tale risposta, che ben mostrava come egli sentisse tutta la forza dell'autorità, di cui era investito. «Noi, disse l'invitto Pontefice, riconosciamo l'Imperatore, secondo il dovere della sua dignità, come avvocato e difensore della santa Chiesa romana; e se egli non vi mette ostacolo, noi lo onoreremo al di sopra degli altri Principi terreni, salvo sempre l'onore che noi dobbiamo al Re dei cieli e al Signore de' signori, che può perdere il corpo e l'anima dell'uomo precipitando l'uno e l'altra nella geenna del fuoco eterno. Perciò amando noi e desiderando d'onorar Federigo, come facciamo, noi siamo altamente meravigliati che egli ricusi a noi, o piuttosto a S. Pietro nella nostra persona, l'onore che ci è dovuto. Imperocchè, egli allontanandosi dall'esempio de' suoi predecessori e sorpassando i limiti della sua dignità, ha convocato il Concilio senza nostra intesa, e ci ha chiamati alla sua presenza, quasichè egli avesse alcuna giurisdizione sopra di noi. Gesù Cristo ha dato a S. Pietro e per lui alla

Chiesa romana questo privilegio, trasmesso ai SS. Padri e conservato fino al presente a traverso della prosperità e dell'avversità ed anche dell'effusione del sangue, quando è convenuto: che cioè essa Chiesa romana giudichi le cause di tutte le Chiese, senza che essa sia sottoposta giammai al giudizio di niuno. Noi non finiamo dunque di stupirci che un tal privilegio sia ora aggredito da colui, che dovrebbe esserne il difensore. La tradizione canonica e l'autorità non ci permettono di andare alla sua Corte per udire il giudizio di lui. I voti delle minori Chiese e i loro particolari prelati non possono attribuirsi la decisione di queste sorta di cause, ma bensì essi debbono sottostare al giudizio de' loro metropolitani e della Sede apostolica. Imperò noi saremmo sommamente colpevoli dinnanzi a Dio, se per nostra o ignoranza o debolezza lasciassimo ridurre in servitù la Chiesa, che Cristo nel suo sangue ha riscattata. I nostri Padri hanno versato il loro per difendere una tal libertà; e noi seguendone l'esempio, siamo pronti, se bisogna, a fare altrettanto»[5].

[5] BARONIO, Annali, an. 1150, _Acta Alexandri III_.

Federigo avrebbe dovuto comprendere da tal linguaggio che egli dava di cozzo in una pietra assai dura; se non che acciecato dalla superbia, tenne a Pavia il preteso Concilio, e fattavi dichiarare legittima l'elezione dell'antipapa, scrisse a tutti i Principi della Cristianità incitandoli a sollevarsi contro Alessandro e ponendo al bando dell'Impero chiunque continuasse a riconoscerlo per Papa. Pervenute queste cose a notizia del Pontefice, egli non istette inoperoso; ma inviò presso tutte le Corti cattoliche Cardinali e Legati, i quali come testimonii di veduta nel fatto della sua elezione potessero sbugiardare le menzogne degli avversarii. Poscia si rivolse a curar Federigo ammonendolo più volte paternamente e procurando or colle dolci or colle aspre di rimetterlo in senno. Finalmente veduta ogni opera tornare in vano, acciocchè la contumacia di lui non infettasse gli altri, lanciò contro l'ostinato Principe sentenza di scomunicazione, dichiarandolo decaduto dal trono imperiale ed assolvendo tutti i suoi sudditi dal giuramento prestatogli di fedeltà, ed estese tale condanna a tutti i suoi partigiani. Frutto di queste energiche disposizioni si fu che quasi tutti i Re cristiani, benchè da prima incerti e titubanti, alla fine disingannati, abbracciarono le parti del verace Pontefice, e moltissimi degli aderenti di Federigo si distaccarono da lui, come da scismatico e persecutore della Chiesa.

Ma il danno maggiore che l'anatema pontificale recò a Federigo, si fu la così detta Lega lombarda. Una gran parte delle città italiane, soggette all'Impero erano rimase profondamente inasprite dalle crudeltà esercitate dal feroce Principe nell'ultima guerra di Milano. Quelle stesse che prima per gelosia o per vendetta avevano cooperato alla rovina dell'infelice metropoli; al vederne poscia l'eccidio e la miseria de' superstiti cittadini, aveano cangiato in sensi di commiserazione l'antico odio. Aggiungasi a tutto ciò il malcontento che destavano le continue espilazioni e soverchierie dei governatori posti da Federigo, a cui questo Principe per tenerli a sè devoti, lasciava ogni arbitrio.

Tali e simiglianti cose producevano un fermento negli animi, che facilmente sarebbe scoppiato al di fuori, se il timore della potenza di Federigo e più la religione del vassallaggio non li avesse tenuti in rispetto. Ma quando i popoli si videro per decreto papale sciolti da ogni vincolo di sudditanza al Barbarossa, e la parte di Alessandro acquistar di giorno in giorno maggior consistenza, s'avvisarono di poter oggimai senza colpa e con isperanza di successo scuotere l'importabile giogo. Massimamente affidavali la fiducia nel soccorso divino, giacchè combattendo Federigo essi avrebbero combattuto il nimico dichiarato della Chiesa, e difendendo i proprii diritti avrebbero insieme difesi i diritti del Pontefice. Essi dunque cominciarono ad intendersi tra loro e concertare di comune accordo i mezzi di riuscire nell'impresa. Da prima quattro sole città, Verona, Vicenza, Padova e Treviso fermarono alleanza scambievole obbligandosi con giuramento a soccorrersi in caso di guerra.

Ben presto aggiuntisi i Veneziani, la Lega si stimò abbastanza forte per operare; sicchè scacciati gran parte dei ministri imperiali si dichiararono apertamente non più soggetti a Federigo; e impossessatisi dei luoghi più forti pei quali si sarebbe potuto venire ad assalirli, apparecchiaronsi alla difesa. Più tardi si unirono loro altresì le città di Cremona, Bergamo, Brescia, Ferrara, e la Lega, divenuta assai potente, deliberò di rifabbricare Milano.

I Milanesi dopo la distruzione della patria si erano da prima dispersi nelle terre circonvicine: ma poscia la maggior parte del popolo era stato per ordine di Federigo riaccolta intorno all'antico suolo e divisa in quattro borgate, con case di legno sotto il governo d'alcuni suoi delegati. Questi tenevano quell'infelice moltitudine in una specie di vero servaggio, smungendola il più ed il meglio che sapessero e tartassandola per tutte guise. Quand'ecco un bel giorno si veggono arrivare numerose schiere delle città confederate, sventolando ciascuna la sua bandiera sotto il comando dei proprii magistrati. Questi, messi in fuga i ministri del Barbarossa, distribuirono armi e danari a que' cittadini confortandoli a tosto rialzare le mura della diroccata città.

Ed acciocchè i Pavesi ed altri loro antichi nemici non potessero disturbarli, posero campo all'intorno, deliberati di restare in arme alla difesa, finchè l'opera della riedificazione di Milano non fosse interamente compiuta. È indescrivibile la gioia che ad un tratto invase quegli oggimai disperati cittadini, e i gridi di giubilo che si sollevarono d'ogni parte. Senza porre in mezzo dimora, tutti, uomini, donne, vecchi e fanciulli, si accinsero all'opera e compartitosi tra loro il lavoro, a chi lo scavare le fosse, a chi il trasportare i materiali, a chi l'impastare i cementi, a chi lo squadrare le pietre; in breve tempo dal mucchio delle sue rovine si vide come risorgere la nobile Milano quasi da morte a novella vita. Così la Lega lombarda andava acquistando ogni dì maggiore stabilità, quando Iddio stesso col suo intervento venne a darvi l'ultimo rassodamento.

Federigo non era uomo da sbigottirsi o da cedere sì facilmente. Egli meditava terribile vendetta; ed accorto, com'era, ben comprese che vano saria stato espugnare la Lega mentre l'anima della medesima, vale a dire Papa Alessandro, rimanesse illeso. Egli si avvisò che a troncare d'un sol colpo i nervi di tutti, fosse uopo abbattere il capo. Avviossi dunque alla volta di Roma con poderoso esercito con intenzione d'impadronirsi della città, se non gli venisse fatto d'aver nelle mani il Pontefice, intronizzarvi almeno Guido da Crema, che col nome di Pasquale III egli avea fatto eleggere in luogo dell'antipapa Ottaviano, morto poco innanzi nella sua contumacia. I Romani incoraggiati dall'animoso Pontefice s'apparecchiarono alla difesa: e benchè molto inferiori di forze, osarono nondimeno di venire a giornata coll'esercito di Federigo. Ma come Dio volle essi furono pienamente battuti: e il Barbarossa entrò trionfante in Roma, dove in breve, impadronitosi eziandio del castello S. Angelo e della chiesa di S. Pietro violentò colle minacce il popolo a giurargli obbedienza. Papa Alessandro costretto a ritirarsi co' suoi in una fortezza dei Frangipani, vedendo che quivi non avrebbe potuto a lungo resistere, s'indusse a fuggirne in abito da pellegrino, andando prima a Terracina e poscia a Gaeta nel regno di Napoli, d'onde passò a Benevento. Federigo fattosi coronare per le mani dell'antipapa, si credeva oggimai di avere assicurato l'esito dell'impresa; quando il flagello di Dio gli fu sopra a sconcertare i disegni del peccatore. Il giorno appresso alla sua incoronazione, un cocentissimo sole, seguito da una piccola pioggerella, gittò una mortalità sì spaventosa nell'esercito, che appena vi era agio a seppellire i cadaveri di quei che giornalmente perivano. I duci più ragguardevoli furono i primi a restar vittima del morbo. Più di duemila gentiluomini vi perdettero la vita; e tra questi il Duca di Baviera, i Conti di Nassau, d'Altemont, di Lippe, di Tubinga e Rainaldo arcicancelliere dell'Impero. Federigo vedendo assottigliate ogni dì le sue truppe in modo sì orribile e i pochi superstiti reggere a stento la vita; temette a ragione che, se più a lungo si dimorava, il Re di Sicilia dall'una parte e i confederati lombardi dall'altra lo avrebbero colto in mezzo. Onde, levato il campo, si diè precipitosamente ad una piuttosto fuga che ritirata; abbattendosi in mille pericoli, che gli si paravano innanzi ad ogni passo, pien di dispetto e di vergogna e accompagnato da piccolo drappello ripassò a stento le Alpi, d'onde era poco innanzi disceso pieno di baldanza alla testa d'immenso esercito. La nuova di questo disastro diffusasi in breve per l'Italia, non è a dire quanto giovasse a rialzare l'animo degli alleati. Se ne parlava per ogni dove e tutti vi riconoscevano il dito di Dio, che avea rinnovato in quella contingenza il prodigio già operato contro l'empio Sennacheribbo.

Tutte le altre città lombarde finirono di dichiararsi dalla parte del Papa; sicchè a Federigo non rimase fedele se non la sola Pavia, in cui si chiusero le poche milizie che egli lasciava tuttavia in Italia. Allora i confederati per assicurarsi contro una nuova discesa del Barbarossa, pensarono di fabbricare una piazza forte sui confini del paese al confluente del Tanaro e della Bormida. Messisi dunque all'opera, in poco tempo l'ebbero condotta a buon termine; denominando la nuova città _Alessandria_ in onore e devozione del Pontefice Alessandro IV, a cui i consoli di essa si recarono per fare atto di dedizione e di vassallaggio. Così quando Federigo pensava d'aver oggimai domata la Chiesa e il suo capo; la Chiesa e il suo capo gli si levava contro più glorioso e più forte.

Anche le cose di Rafaella avevano grandemente mutato aspetto. La pia Imperatrice, benchè amasse di ritenerla presso di sè, nondimeno non osò di fargliene neppur la proposta, bene intendendo quanto fosse nell'amorosa fanciulla il desiderio di rivedere i parenti. Onde, venuto il tempo del suo ritorno in Germania, chiamò la giovinetta, e dopo averla colmata di regali e

111

di carezze consegnolla all'Abate Guglielmo unitamente ad Alberta; la quale, rimasa sola e desolata, come dicemmo, cedè alle vive istanze di Rafaella, che avendola in conto di sua seconda madre, non finiva di supplicarla a contentarsi di menare il rimanente di sua vita con lei. Ognuno comprende da sè medesimo quanto fosse grato e consolante questo viaggio per la buona donzella. Si vedeva ella come uscita da un naufragio e salva oggimai e sicura in su la riva. Quando riandava colla mente i passati pericoli, le strette e le angoscie mortali da cui era stata straziata, l'orlo dei precipizii che avea valicati, si sentiva compresa da un subitaneo raccapriccio; che a poco a poco dileguandosi le lasciava l'anima come cospersa da un'ineffabile dolcezza, ed accesa di amore e di gratitudine verso Dio, che per vie sì inaspettate e mirabili l'avea campata. La certezza poi d'aver presto a rivedere la madre e il babbo le era di estrema letizia, e la fervida brama le faceva ad ogni tratto interrogare l'Abate quanto altro tempo ci volesse per arrivare, e guardar le campagne e le colline se mai vi scorgesse qualche somiglianza con quelle che ricordavano il luogo natìo.

Un solo pensiero intorbidavale la pace a quando a quando e le trafiggeva l'anima di acuto dolore. Esso era quello del fratello, la cui liberazione non erasi potuta conseguire dall'ostinato e feroce Barbarossa, e di Ottolino, di cui non erasi più udita novella. Chi sa come vive, e se vive l'infelice Eriberto! Oh fratel mio! Prigioniero in lontano paese, privo della vista e del conforto de' tuoi cari; senza neppur contezza di loro, in mano a feroci sgherri; oh i grami giorni che tu meni, e forse l'angoscia t'avrà ucciso a quest'ora! Tali erano i queruli lai che singhiozzando metteva di tratto in tratto la povera Rafaella. Vero è, poi pensava, che l'Imperatrice mi assicurò che appena tornata in Germania ne avrebbe preso conto, e gli farebbe coll'autorità sua alleggerire ogni pena. Ma chi sa se le cure della pia Signora giungeranno in tempo! E di Ottolino che ne sarà? Il non essersene saputo più nulla mostra pur troppo che egli è perito in qualche scontro. E qui la fantasia le dipingeva con vivi colori l'amato giovinetto giacente in terra ferito e boccheggiante protendere il languido sguardo, quasi ad invocare chi gli porgesse alcun soccorso; e finalmente spirare derelitto e sconfortato. In mezzo a sì crudeli pensieri che quasi pungentissime spine straziavano il cuore dell'affettuosa fanciulla, il santo Abate Guglielmo gittava in quell'anima colle sue parole soave balsamo, ricordandole l'uniformità ai divini voleri e come ogni cosa torna in bene a chi con tutta confidenza si getta nelle amorose braccia di Dio tenendo per ottimo quanto Egli dispone sopra di noi.

Anche l'umor faceto di frate Uguccione conferiva non poco a distrarre sovente l'afflitta Rafaella coi colloquii che tratto tratto intrecciava.

--Che vi pare, padre Abate, di questa nostra curiosa villeggiatura, che certo non mi stava in calendario?

--Mi pare, rispondeva Guglielmo, una delle più dilettose; giacchè Iddio benedetto ci ha porta occasione e dato grazia di patir qualche cosa e adoperarci alquanto a sollievo degl'infelici.

--Tolto va bene; ma a me tarda mille anni di tornare alla mia cella, donde, salvo l'ubbidienza, non mi lascerò trarre più fuora se non quando mi dovranno portare in sepoltura.

--L'amore della solitudine, figliuolo mio, è cosa ottima, ed inculcata co' precetti e coll'esempio da' Santi. Ma esso non dee trasmodare in eccesso, nè ritrarci dal soccorrere il nostro prossimo quando il bisogno lo richiede. Ricordati del grande Antonio, quel primo luminare della vita eremitica. Egli non dubitò di abbandonare a tempo il deserto; quando l'infierire della persecuzione contro i cristiani richiedeva l'opera di chi confortasse i fedeli alla costanza. E a coloro che si scandolezzavano della sua uscita dall'eremo rispondeva: Che direste voi d'una donzella, la quale vedendo andare in fiamme la casa di suo padre, in vece di accorrere, si scusasse con dire non affarsi alla sua riservatezza l'abbandonare la propria stanza?

--Sì, ma il mirare tante sciagure e di tanti a me, che son tenero di cuore, non soffre l'animo. E poi quel vedere nei grandi del mondo tanta alterigia, tanta simulazione, ed anche tanta fierezza, è cosa proprio che mi fa stomaco.

--Bella tenerezza di cuore per verità, fratel mio, non voler vedere gli altrui patimenti per non sentire afflizione! Questa è tenerezza verso di sè, non verso degli altri. La vera tenerezza o meglio carità del prossimo dee muoverci a sollevare l'altrui miseria, e quindi a ricercarla e scoprirla. Quanto poi ai vizii che ti fanno afa ne' grandi, pensa che ogni classe ha i suoi difetti e peccati. Che se questi nei potenti del secolo son più frequenti per esser in loro più spesse e più pericolose le occasioni: vi si ammirarono nondimeno ben soventi delle grandi virtù. Dimmi: tra i vizii della corte di

113

Federigo, non hai tu veduta una Imperatrice, specchio di modestia, di umiltà, di mansuetudine, di carità e d'ogni cristiana perfezione? E queste virtù nello splendore di un trono sì alto, e tra i pericoli d'una corte sì depravata, credi tu che abbiano piccolo pregio?

--Oh questo l'ho confessato e lo ripeto; la virtù di quella Signora mi ha più d'una volta commosso fino alle lagrime; e meravigliato dicevo tra me: Come è possibile che una moglie sì buona si trovi a fianco d'un marito sì tristo!

--Ammira anche in ciò, frate Uguccione, la sapienza della divina dispensazione. Spesso, come dice l'Apostolo, il marito infedele vien convertito dalla moglie fedele, e viceversa. Chi sa che Federigo non debba alla fin ravvedersi, pei conforti e per le preghiere della sua virtuosa consorte.

--Non c'è che dire; voi trovate sempre una ragione per dimostrare che ogni cosa così va bene come va. Questo significa esser uomo di lettere ed avere studiato teologia! Io che sono un povero laico...

--Non ci è bisogno di lettere e teologia per intendere le cose che qui diciamo, figliuol mio, basta il semplice buon senso e il catechismo. Non è Dio che dispone e governa il tutto in questo mondo? E Dio non è sapientissimo e benignissimo? E l'effetto della sapienza e della bontà può non essere ordinato per sè medesimo e tendere di per sè ad altro che al bene? Egli è vero che se prendi nell'universo a considerare ciascun evento spicciolatamente e separato dagli altri, può sembrarti brutto e disordinato, come appunto nella musica può sembrarti senz'armonia una nota presa da sè, e fuori di concerto delle altre. Ma non così, quando ciascuna cosa vien riguardata nella disposizione del tutto e nel finale intendimento del supremo ordinatore.

Rafaella prendea diletto a udire questi discorsi e ne traeva utili documenti pel suo stato presente. In tal modo coll'avvicendamento di sì diversi affetti ella consumò il tempo del lungo viaggio, finchè giunse alla casa paterna. Berardo e la consorte, che già per lettera avevano ricevuto annunzio del prossimo arrivo della figliuola, ne stavano in ansiosa aspettazione e ad ogni picchio alla porta, ad ogni rumor sulla strada trasalivano dalla speranza, che poi conosciuta vana li facea tornar mesti a contare le ore e i giorni e immaginare successivamente i luoghi per cui Rafaella dovea passare. Come se la videro innanzi sana e fiorente (benchè l'accorto Guglielmo avesse usata la precauzione di precedere d'alquanti passi per disporli a quell'incontro) poco mancò che non tramortissero; tanta fu la piena della gioia, che ad un tratto traboccò loro nell'anima. Stettero buona pezza come avviticchiati sul collo di lei, non saziandosi mai di baciarla e di stringerlasi al seno.

Dato finalmente sfogo all'ardenza di quel primo affetto volsero con multe lagrime le loro parole di ringraziamento all'Abate e alla buona Alberta, professandosi obbligati ad ambedue della vita e salvezza di lei. Dimandarono poi ansiosamente del figliuolo, temperando il dolore del sentirlo prigione colle promesse fatte dall'Imperatrice di prenderne cura, ingrandite pietosamente da Rafaella colla giunta che presto sarebbe rimandato libero.

Nè qui finirono le consolazioni della buona famiglia. Imperocchè Manfredo, tornato indi a poco dal campo credette d'aver buono in mano per rimeritare la virtù di Berardo e punire la perfidia di Villigiso.

Questi, finita l'impresa di Milano, consapevole che la rettitudine del severo Marchese non lo avrebbe lasciato senza castigo proporzionato alla colpa; e d'altra parte vedendosi molto addentro nelle grazie dell'Imperatore, pensò di rimanersi per ora ai servigi di lui, niente curandosi della solenne scomunica fulminata da Papa Alessandro. Onde Manfredo, che da prima dubbioso, a poco a poco per le dimostrazioni di Guglielmo, era venuto in chiaro del diritto del vero Pontefice, dichiarò Villigiso decaduto, come scismatico, della signoria di Mozzatorre, ed investì della medesima il fedele Berardo a premio dei tanti suoi meriti.

Così Rafaella si trovò padrona di quel medesimo castello, dove era stata condotta captiva, e signora di quei medesimi sgherri che l'avevano sì iniquamente tradita. Non è da dire se ella benigna e pia qual era, perdonasse con cristiana generosità a quei tristi; solamente li volle rimossi dall'ufficio, di cui avevano usato sì male. Ma dalle domestiche cose di Rafaella convien che torniamo alle pubbliche di Federigo.

L'indomabile animo di costui non si franse pel passato disastro; crebbe anzi vie peggio nella perfidia. Essendo morto il secondo suo antipapa, ne fe' creare un terzo nella persona dell'abate di Strum, col nome di Callisto III, e

115

prese a fare gli apparecchi per una nuova discesa in Italia. Ma non potè eseguirla prima che passassero alcuni anni; tanto era profondo il danno ricevuto dal disfacimento del suo esercito in Roma, e dalla diffalta di moltissimi Principi, che pel decreto papale si erano separati da lui. Nondimeno, fatti i supremi sforzi, giunse a raccogliere uno sterminato esercito e nell'autunno del 1174 s'avviò alla volta d'Italia. Nel primo porvi il piede, vinse e dannò alle fiamme la città di Susa. Poscia pose l'assedio ad Alessandria, fabbricata, come si disse, in onore del Pontefice e qual baluardo contra gli assalti di Germania. Senonchè un forte stuolo di Lombardi essendo venuto in soccorso della città, che pur da sè sola si difendeva bravamente; Federigo fu costretto a levare l'assedio, bruciando da se stesso il proprio campo. Allora egli volse le armi contra Milano.

Le condizioni dei Milanesi erano mutate d'assai. Nella precedente guerra, quasi soli a difendersi, essi ora si vedevano confortati da potentissima Lega. Dipoi la fresca rimembranza dell'ostinazione e crudeltà di Federigo a voler distrutta la loro città, li avea disposti siffattamente, che tra il vincere e il morire non riconoscevano mezzo di sorte. Finalmente la persuasione di combattere contro il persecutore della Chiesa, maledetto dal Vicario di Cristo, e che per sentenza papale era decaduto da ogni ragione sopra di loro, ispirava ad essi un coraggio straordinario ed una confidenza nell'aiuto divino, che ne raddoppiava a mille tanti l'ardire. Un esercito, intimamente persuaso di combattere per Dio, è invincibile. Ciò si avverò appuntino nel caso presente; e Federigo lo sperimentò a proprio danno.

Era tale e tanta la confidenza in Dio dei Milanesi che, quantunque non fossero per anco giunti gli aiuti de' confederati, e l'oste alemanna fosse infinita; essi non cercarono di differir la battaglia, ma uscirono incontro al nemico con sicurezza della vittoria. Essi avevano divisi tutti i cittadini abili a portare le armi in sei schiere, ciascuna sotto il comando dei capi del proprio quartiere. Oltre a queste avevano formate due compagnie di scelti guerrieri, l'una detta della _morte_, l'altra del _carroccio_, ossia del carro, sopra cui era inalberata la bandiera della città. La prima di queste compagnie era composta di novecento soldati a cavallo, strettisi con giuramento a morire piuttosto che retrocedere in faccia al nemico. La seconda era composta di trecento giovani delle più nobili famiglie, strettisi del pari con giuramento a morire piuttosto che lasciar prendere dal nemico l'insegna che custodivano.

Nella Compagnia della morte trovavasi altresì Ottolino; cui, se ben vi ricorda, lasciammo nel chiostro sotto la cura del solitario che incontrò nella selva. Egli fino a questi ultimi tempi era durato colà costante menando vita quasi in tutto conforme a quella dei monaci presso cui dimorava. Quivi aveva avuto novella del ritorno di Rafaella tra' suoi e dell'esaltazione di Berardo alla signoria di Mozzatorre. Ma dove la prima di tali notizie l'avrebbe forse indotto a lasciare la solitudine; la seconda ne lo distolse: giacchè egli, semplice arimanno, si vedeva in condizione troppo inferiore alla donzella, e però impossibilitato ad impalmarla. D'altra parte la pace, che provava nell'eremo e nelle sante occupazioni de' monaci, lo teneva abbastanza contento. Così la durò per sì lungo spazio di tempo con grande soddisfazione di quei religiosi; i quali credendolo sufficientemente provato, erano quasi sul punto di condiscendere alle sue istanze di essere ascritto tra loro. Quando ecco in un tratto al primo sentirsi la nuova della venuta del Barbarossa, i fervidi spiriti del giovine che sembravano spenti, nonchè sopiti, si destarono in tutta la primitiva vivezza; ed egli presentatosi all'Abate del monistero gli manifestò la risoluzione d'andare a combattere in difesa di Milano, per espiare la colpa d'aver altra volta pugnato contro di lei sotto il vessillo d'uno scismatico. L'Abate dopo varie interrogazioni, conosciuta l'irremovibile volontà del giovine, gli fe' allora osservare quanto prudente era stata la condotta sua e de' monaci nel resistere alle sue inchieste di vestir l'abito, giacchè ora mostrava a chiare note di avere tutt'altra vocazione. Indi rifornitolo del bisognevole pel viaggio, lo accomiatò benedicendolo nel santo nome di Dio.

Ottolino giunto a Milano e riconosciuto dagli antichi compagni, coi quali avea militato sotto Turisendo, fu accolto con grande gioia, atteso il suo noto valore, e venne arrolato, secondo il suo desiderio, nella schiera obbligatasi con giuramento a morire piuttosto che dietreggiare.

Sorgeva l'alba del dì terzo di giugno e i due eserciti movevano baldanzosi a bandiere spiegate l'uno contro dell'altro. Federigo, secondo il suo solito, marciava a capo di tutti i suoi per animare più coll'esempio che con la voce i soldati. Seguivalo folto stuolo di quei Principi alemanni e di quei Signori italiani, che tuttavia erangli rimasti fedeli; codiati da scelta mano di fanteria alemanna, che formava l'avanguardo. Nel centro stava il grosso della cavalleria, comandata dal

perfido Villigiso, a cui pel noto valore era stato affidato da Federigo il suo imperiale stendardo. Il resto di quell'immensa moltitudine veniva da ultimo diviso in varie colonne sotto la guida di esperti capitani. I Milanesi dalla parte opposta avanzavano in assai minor numero sotto capi poco dotti di guerra, ma pieni di coraggio e di confidenza nella causa che difendevano. Appena giunti a vista del nemico, tutti piegarono a terra le ginocchia e ad alta voce porsero a Dio questa fervente preghiera:--Signor degli eserciti ed arbitro delle battaglie, tu che dicesti di resistere ai superbi, e dare grazia agli umili, guarda contro di chi oggi usciamo a combattere nel tuo santo nome. Ricordati che noi pugniamo non tanto per nostra difesa, quanto per quella del tuo Vicario.--Quindi levatisi e gridato: _Viva S. Pietro e S. Ambrogio_, animosi procedettero all'attacco. Quel primo impeto fu quanto mai si potesse aspettare gagliardo, ma soprafatte dal numero le prime file furono in breve costrette a piegare; e il piccolo drappello, giuratosi alla difesa del Carroccio, sottentrò a ristorare il conflitto. Senonchè mentre esso faceva prodigi di valore, la numerosa cavalleria del Barbarossa si gittò nella mischia a gran galoppo e caricando d'ogni parte quel piccolo stuolo, fu quasi sul punto di sbaragliarlo. Allora la compagnia della morte, ripetuto ad alta voce il suo giuramento, investì impetuosamente di fianco la cavalleria nemica e la pose in disordine. Ottolino che trovavasi in prima riga, adocchiato il vessillifero, lo riconobbe all'insegna del cimiero per Villigiso. Gli ricorse alla mente in quel punto ciò che l'iniquo avea fatto contro di Rafaella e dell'amico Eriberto, e un subitaneo impeto d'ira gl'infiammò ogni fibra del cuore. Senza porre alcun tempo a deliberare, quasi sospinto da istintivo furore, scagliossi contro di lui e con un fiero colpo di lancia il rovesciò dall'arcione. Indi precipitandosi da cavallo gli fu sopra per istrappargli di mano l'imperiale stendardo. Villigiso, a cui mai non era incontrato di venir balzato di sella, benchè si sentisse gravemente ferito nel lato destro, nondimeno ardente di furore e di vergogna erasi già ritto in piedi e tratta la scimitarra stava per iscaricare un terribile fendente sul capo dell'avversario. Ma un gagliardo colpo di stocco, che questi seppe scagliargli a tempo, il passò da parte a parte. Tal fa la miseranda fine dello spietato; ed Ottolino, dato allora di piglio alla bandiera capitana, la scosse all'aria e trionfante recolla tra' suoi. Questo fatto ardimentoso decise della giornata. Imperocchè la cavalleria teutonica, come vide a terra il proprio duce e in mano de' nemici il vessillo imperiale, cadde interamente d'animo, e datasi a fuga precipitosa, recò col proprio disordine lo scompiglio e la paura in tutto l'esercito. Da quel punto nel campo non fu più battaglia, ma eccidio. I soldati del Barbarossa, sembravano invasi da prodigioso terrore. Niuno d'essi più pensava a difendere sè stesso, non che ad offendere l'inimico. Quindi nel generale tumulto altri venivano calpestati dai cavalli correnti all'impazzata; altri erano trucidati dalle armi de' loro stessi compagni; ed altri fuggendo in calca precipitavano nel prossimo Ticino. Federigo, sforzatosi indarno di calmar lo spavento e riordinare il campo, fu come involto e trasportato da un'onda di fuggitivi, nè più si vide. Il perché i suoi baroni, dopo averlo indarno cercato, lo tennero morto od annegato nel ripassare il fiume; e questa nuova andò talmente crescendo e corroborandosi di bocca in bocca, che la stessa Imperatrice, la quale dimorava in Pavia, credendola vera, ordinò in Corte il corrotto ed ella vestissi a bruno.

CAPO X.

La pace di Venezia.

Mentre col passare dei giorni più si andava raffermando l'opinione della morte di Federigo, Federigo comparve ad un tratto in Pavia; ma sotto divise non sue, senza alcun seguito, sbaldanzito, altamente accorato.
Egli nel totale sbandamento e soqquadro del campo dopo la sconfitta de' suoi, erasi sforzato invano arrestare i fuggenti e di raggranellarne intorno a sè una parte almeno, che gli valesse di scorta ad onesta ritirata. Niuno dava orecchio alle sue parole; ma tutti, imprecando la guerra e chi si ostinava a volerla, badavano ad assicurare la propria salvezza. Venuta meno ogni prova, Federigo fu costretto anch'egli a fuggire, e trovandosi d'ogni parte circondato da nemici, gli fu duopo, per non cader prigioniero, spogliarsi degli abiti imperiali e camuffatosi alla meglio, andar errando più giorni per luoghi fuori di mano, chiedendo per carità un ricovero ed un pane ai pastori e contadini della campagna. Una tanta umiliazione in quell'animo sì altero e così sitibondo di gloria avea fatta una impressione profondissima; la quale

119

crebbe anche più nel trovar, che poi fece, tutta la corte e la imperatrice stessa in gramaglia. Gli parve a quella vista di ravvisare un manifesto segnale dell'ira divina; sicchè gli ricorrevano del continuo alla mente quelle parole del Salmo: _Humiliasti tamquam vulneratum superbum._ Era sì insistente quella voce, e tanto il terrore che gl'inspirava, che non potè celarne lo sgomento al vigile occhio della pia ed affettuosa consorte.

Beatrice, che quanto virtuosa, altrettanto prudente era ed accorta e niente altro più accesamente bramava che il ravvedimento dello sposo, intese quello essere il punto da tentare sopra l'animo di lui un colpo decisivo. Tenne dunque segretamente a consiglio i principali dell'Impero, che tuttavia si trovavano in corte; e rappresentata loro l'opportunità delle presenti disposizioni, in breve li ebbe convinti quel tempo essere acconcissimo per indurre Federigo a tornare all'ubbidienza della Chiesa. A procacciare poi più efficacemente lo scopo ottenne da que' Principi una scritta, nella quale dichiaravano che se l'Imperatore non si rappaciasse col Papa, essi non potevano più parteggiare per lui con danno sì manifesto della loro coscienza. Ciò fatto, l'illustre donna raccomandò fervidamente a Dio ed a S. Pietro l'esito di tanto affare e coltone il destro tenne un giorno a Federigo questo discorso:

--Imperatore, tu sei conscio di quante lagrime io ho versato, e assai più ne ho sparse nel mio segreto, dinanzi a Dio per impetrare che tu uscissi dalla falsa e perigliosa via, per la quale ti sei messo. Ma quest'oggi io chieggo da te che tu mi ascolti benignamente e non m'interrompa, finchè io non abbia tutti esposti i miei angosciosi pensieri. Ti prego inoltre a non isdegnarti se io ti parlerò con quella libertà, che alla sollecitudine ed all'affetto di sposa è concesso.
Posso io promettermi tanto dal magnanimo ed amoroso Federigo?

L'Imperatore commosso dall'accento ond'ella accompagnava queste parole, le prese affettuosamente la mano e ponendosela sul cuore: Parla pure, o Beatrice, le disse; parla liberamente; che io ti ascolterò volentieri, quand'anche tu non dovessi dirigermi che riprensioni e rampogne.

--Io non dirò nulla, ripigliò l'Imperatrice, che non sia rispettoso, e che non tenda anzi al restauro e incremento della tua grandezza. Indi soffermatasi alquanto, quasi per concentrare le proprie idee, così riprese:--Iddio nel sollevarti, o sposo, all'altezza del trono imperiale, ebbe tra gli altri suoi disegni quello certamente di costituire in te il sostenitore dell'ordine civile, e il di fenditore armato della sua Chiesa. Questa ultima dote massimamente costituisce il distintivo carattere dell'imperatore cristiano. Qual fu l'idea che presedette alla formazione dell'impero nel Cristianesimo? Tu il sai.

Essa venne espressa da quel Grande, che fu il primo ad essere investito di tale dignità. L'immortal Carlomagno scriveva in fronte alle sue leggi: _Carlo Re, per la grazia di Dio, difensor della Chiesa ed umile aiutatore della Sede apostolica in tutte le cose._ Or mira te e il tuo regno a fronte di sì sublime concetto. I tuoi popoli vessati da lunga e crudelissima guerra. Ogni ordine di persone travolto negli errori, che delle guerre sono inevitabili conseguenze. Da per tutto angherie di ministri, che da te, occupato nelle armi, poco o nulla vengono vigilati.

L'impero diviso in parti e lacerato da lacrimevole scisma. Le chiese smunte, oppresse, vedovate dei proprii Pastori. Il capo civile della repubblica cristiana in aperta ribellione al capo spirituale della medesima, sotto il peso della degradazione e dell'anatema, costretto a rivendicar colla spada un'obbedienza, a cui la coscienza de' sudditi non può prestarsi. Finchè la verace elezione di Alessandro al supremo pontificato potea sembrarti dubbiosa (se a ragione o a torto io qui non cerco), tu potevi aver qualche scusa, non fosse altro, al cospetto degli uomini. Ma ora che la cosa è chiarita e tutto l'orbe cattolico, ad eccezione di pochi, obbedisce e venera il vero Papa, qual difesa puoi tu recare in faccia a Dio ed al mondo? Alessandro è riconosciuto dalla Francia, dall'Inghilterra, dalla Spagna, da molti Principi ancora della Germania. Guglielmo poi di Sicilia e Manuele di Costantinopoli, non contenti di prestargli obbedienza, hanno impugnate le armi per sostenerlo contro di te; e alle armi altresì è ricorsa l'intiera Italia per la stessa cagione. Tu fidi nel tuo valor militare e nella tua esperienza nella guerra. Ma non vedi che il cielo con aperti prodigi ti contrasta? Per ben due volte due potentissimi eserciti, aguerriti, vittoriosi, invincibili, sono spariti, non si sa come, qual fumo al vento. Di tre antipapi, opposti al vero Papa, due sono già estinti miseramente, ed il terzo appena prolunga nell'oscurità e nel disprezzo universale la sua fellonesca usurpazione. Non sono questi perspicui e palpabili segni che Dio è contro di te? E ci sarà potenza o consiglio che possa prevalere in onta di Dio? Che aspetti di più? Guarda; perfino quei pochi Principi ecclesiastici o secolari, che pur ti erano restati ligi, apertamente protestano di non potere più innanzi seguirti nell'apostasia.--E qui gli diè a leggere la scritta, menzionata più sopra, la quale era del tenore seguente: «Noi, qui sottosegnati, saremo sempre pronti, secondo le leggi dell'Impero ad obbedirvi, o Sire, in tutte le cose temporali, e a prestarvi i servigi e l'ossequio che il sovrano vostro diritto da noi richiede. Ma voi, benchè Sovrano de' corpi, non siete tuttavia Sovrano altresì delle nostre anime. Noi non intendiamo di perderle per farvi piacere nè vogliamo più oltre preferire le cose della terra a quelle del cielo. Dichiariamo dunque alla Maestà vostra, che noi d'ora innanzi riconosciamo Alessandro per vero Papa cattolico; e non curveremo più la fronte al vano idolo che avete innalzato nella persona di Giovanni di Strum. Stante ciò, voi ben vedete, o Sire, non esserci possibile di rimanere più oltre presso di voi; finchè voi durate in contumacia di santa Chiesa.» Seguivano le firme.

Federigo rimase attonito a quella lettura, e di subita ira avvampò. Ma l'accorta Beatrice fu presta a calmarne con bei modi lo sdegno, e ripigliò:--Questo franco parlare dei baroni, non dee offenderti, o Imperatore. Esso è segno di animo nobile e leale, che la tua sapienza dee anzi apprezzare. Guai a quel Principe i cui ministri e cortigiani a guisa di vili mancipii non sappiano fare altro che chinare il capo ai suoi voleri senza osar mai di contraddirgli liberamente, quando la giustizia o la verità lo richiede. Non vi è Principe più infelice e men sicuro di questo. Egli non avrà mai intorno a sè veri amici; ma sol piacentieri interessati ed egoisti, che, dove lor metta conto, lo tradiranno con la stessa facilità onde prima lo adulavano. Qui poi trattandosi di coscienza, saresti nonchè ingiusto ma sacrilego a pretendere di dominarla a tua posta. La stima che vedi fare da' tuoi Baroni della loro eterna salute, dee anzi esserti di stimolo a vincere te medesimo con una risoluzione comandata dalla legge divina, dal proprio onore, dagli stessi tuoi temporali interessi.

Finito un tal discorso, ambidue restarono alquanto in silenzio, finchè Federigo lo ruppe dicendo con la consueta sua energia ed impeto di voce:--Ebbene, Imperatrice, io fin d'ora rinunzio allo scisma, e mi riconcilio a Papa Alessandro; ma non intendo dar pace nè ai Lombardi né al Siciliano, nè al Greco.--Son contenta, riprese Beatrice, per ora non chieggo di più; il resto sarà materia di più maturi consigli. Cerchiamo da prima il regno di Dio; ogni altra cosa gli terrà dietro. Soltanto pregoti, o Imperatore, ad attener fedelmente la promessa e presto.— Ciò detto, rizzaronsi; e Beatrice si ritirò nella proprie stanze a ringraziare il Dator d'ogni bene; Federico chiamò presso di sé l'Arcicancelliere dell'impero per ispedir di subito ambasciatori al Papa.

Questi furono lo stesso Arcicancelliere, Cristiano di Magonza, Wicmano Arcivescovo di Magdeburgo, Conrado designato Vescovo di Worms, e Weremondo Protonotario del regno. Partitisi senza dimora essi trovarono il Papa in Anagni; e con parole di somma devozione e rispetto gli esposero come l'Imperatore ardentemente desiderava di sottomettersi alla sua obbedienza e far la pace colla Chiesa e colla città di Roma, e ricevere l'assoluzione dell'incorsa censura. Gli presentarono poi una lettera di Beatrice, in cui ella, dopo aver dato sfogo agli affetti di sua devozione, narrava al S. Padre con filial confidenza l'operato da lei, e supplicavalo che ad imitazione di quel Dio, di cui sosteneva in terra le veci, volesse dimenticare ogni offesa ed accogliere con paterna pietà il prodigo ma convertito figliuolo. Se ad Alessandro riuscisse consolante una tale novella non è a dire. Egli rispose agli ambasciadori con termini di singolare benevolenza e scrisse con sommo affetto alla pia Imperatrice; ma risolutamente protestò che non avrebbe giammai accettata la sottomissione di Federigo, se questi non dava in pari tempo la pace a tutti gli alleati della Chiesa e segnatamente ai Lombardi, all'Imperatore di Costantinopoli, al Re di Sicilia. Gli ambasciadori, che sapevano la contraria disposizione di animo del Barbarossa fecero ogni opera per distornare il Pontefice dalla posta condizione; ma vedendo l'irremovibile volontà di lui sopra tal punto, chiesero d'essere accompagnati nel loro ritorno da alcuni Cardinali Legati, i quali si adoperassero in nome del Papa a farvi condiscendere Federigo. Alessandro assegnò loro i due Cardinali Umbaldo e Raniero; e questi insieme con gl'inviati si recarono dall'Imperatore, che fuor d'ogni aspettazione trovarono dispostissimo a rappaciarsi eziandio con gli alleati della S. Sede. Cagione di tal mutazione era stata Beatrice, la quale bel bello lo avea persuaso a cessare da ogni guerra contra popoli e signori cristiani, e volgere piuttosto la sua indole bellicosa a combattere gl'infedeli in Oriente, dove Saladino, divenuto soldano di Egitto e di Siria, minacciava grandemente il regno di Gerusalemme.

Si stabilì coll'Imperatore un generale convegno tra lui, il Papa, i rappresentanti della Lega e gli ambasciadori del Re di Sicilia per fermare i patti della pace e giurarla. Per tal convegno si prescelse la città di Bologna, a cui poscia per varie ragioni venne sostituita Venezia.

Grande fu il compiacimento dei Principi sì di Alemagna come d'Italia per un atto sì desiderato, ed ognuno si affrettava per assistervi di presenza. Tra questi non poteva mancare il marchese di Saluzzo, Manfredo, il quale tra i Principi dell'Impero grandeggiava non poco per autorità e per potenza. Egli volle che tra i minori feudatarii a sé soggetti, destinati a seguitarlo, venisse Berardo, già divenuto come dicemmo, signore di Mozzatorre. Ma, anche senza un tale invito, Berardo sarebbesi offerto da sè per abbracciare più presto il figliuolo Eriberto, che nella restituzione dei prigionieri d'ambe le partì, da farsi in Venezia, doveva essere rimesso in libertà. La medesima ragione invogliava fortemente anche la moglie e la figliuola; e tante furono le preghiere d'entrambe, che Berardo acconsentì finalmente a condurlesi seco. Così Rafaella ebbe il contento di andare ancor essa a quella solennità, a cui oltre l'amore del fratello la sospingeva il desiderio di rivedere la pia Imperatrice per rinnovarle più pienamente i rendimenti di grazie.

Frattanto Papa Alessandro partiva da Roma; e dopo essersi recato per pochi giorni a Benevento, imprendeva il viaggio di mare con sei Cardinali (giacchè gli altri si erano avviati per terra), accompagnato a segno di onore da undici grandi galere del Re di Napoli. Accostatosi a Venezia, vennergli incontro a riceverlo sopra elegantissime barche il Doge coi membri di quell'illustre Senato, il Patriarca co' suoi Vescovi suffraganei, i principali cittadini e una moltitudine sterminata di popolo. Giunti alla città, tutti si ordinarono in solenne processione e cantando le divine laudi si recarono al magnifico tempio di S. Marco.
Quivi il S. Padre fatta orazione e benedetto il popolo si ritirò nel palazzo patriarcale. Siccome poi seppe non essere ancora giunti in

Venezia i commissarii della Lega, l'amoroso Pontefice, per rimuovere ogni ostacolo che fosse sopravvenuto, ed anche per dare ai Lombardi un solenne attestato della sua benevolenza, invitolli a mandare i loro rappresentanti in Ferrara, dov'egli si recherebbe per deliberare con essi intorno alle condizioni della pace. Trasferitosi dunque colà, accompagnato da gran numero di Cardinali e di Vescovi, non può dirsi a parole l'entusiasmo, ond'egli venne accolto dal popolo ferrarese e da tutti i magistrati e baroni delle diverse città lombarde. Il Papa li convocò il dì appresso nella chiesa dedicata a S. Giorgio, e tenne loro questo sermone: «Voi sapete, o cari miei figli, la persecuzione che la Chiesa ha sofferto da parte dell'Imperatore, che dovea proteggerla. Voi sapete quanti danni l'autorità della Chiesa romana ne ha ritratto. Imperocchè i peccati restavano in gran parte impuniti e i sacri canoni senza esecuzione; per nulla dire della distruzion delle chiese e dei monasteri, dei saccheggi, degl'incendii, delle uccisioni e dei delitti d'ogni maniera. Dio ha permesso questi mali; ma infine Egli ha rabbonacciata la tempesta, e volto il cuore dell'Imperatore a chieder la pace. È questo un miracolo della divina potenza. Imperocchè chi avrebbe pensato che un Vecchio Sacerdote ed inerme potesse resistere al furore teutonico e vincere senza combattere un Imperador sì possente? Ma ognuno intende che è impossibile guerreggiar contra Dio. Ora avendoci Federigo chiesta la pace, escludendone voi, noi considerando la devozione e il coraggio, onde voi avete combattuto per la Chiesa e per l'Italia, non abbiamo voluto accettarla senza di voi; affinchè come voi avete partecipato con noi della tribolazione, così partecipiate ancora con noi della gioia. È questa la ragione, per la quale noi, senza aver riguardo nè alla nostra dignità nè alla nostra vecchiezza, ci siamo esposti al mare e ai pericoli d'un lungo viaggio per venire a deliberare con voi se dobbiamo o no accettare la pace che ci viene offerta.»

I rappresentanti della lega, vivamente commossi da tanta degnazione, risposero di comune accordo per bocca d'uno dei loro capi. «Venerando Padre e Signore, tutta l'Italia si getta ai vostri piedi per rendervi grazie e testimoniarvi la sua letizia per l'onore che voi fate ai vostri sudditi di venire a loro, affine di cercare e rimenare all'ovile le pecorelle smarrite. Noi conosciamo per propria esperienza la persecuzione che Federigo ha fatta alla Chiesa ed a Voi. Noi siamo stati i primi ad opporci al suo furore ed impedire che egli distruggesse l'Italia ed opprimesse la libertà della Chiesa; e per una causa sì santa noi non abbiamo perdonato nè a spese, nè a travagli, nè a perdite, nè a pericoli. Per ciò, venerando Padre, è conveniente che voi non accettiate pace senza di noi; siccome noi l'abbiamo più volte ricusata, perchè ci veniva offerta senza di Voi. Pel resto noi siamo ben contenti di far pace coll'Imperatore, al quale noi non ricuseremo nessuna delle sue antiche ragioni sopra l'Italia; purchè sieno salvi i diritti che noi abbiamo ereditato dai nostri maggiori. Quanto al Re di Sicilia, noi approviamo che sia anch'egli compreso in questo trattato, perciocché egli è un Principe che ama la pace e la giustizia. I nostri viaggiatori lo sanno per esperienza, giacchè vi ha più sicurezza nei boschi di quel reame che non nelle città degli altri Stati.»

Romualdo Arcivescovo di Salerno e personalmente presente a quel consesso, ci ha nella sua cronaca conservato questi particolari.

Saputosi da Federigo come il Papa trovavasi a Ferrara in uno coi rappresentanti della Lega e cogli ambasciatori del Re di Sicilia, inviò colà suoi plenipotenziarii per conchiudere definitivamente le condizioni della pace, da giurarsi poi da lui e da tutti in Venezia. Terminate le conferenze, il Papa, con tutta quell'adunanza si restituì alla città reina dell'Adriatico; dove in breve recossi eziandio l'Imperatore, con gran seguito di Principi e Signori alemanni. Il giorno appresso del suo arrivo il Papa gl'inviò sei Cardinali, acciocchè ricevessero dalle sue mani per iscritto la rinunzia allo scisma, e la professione di obbedienza a lui ed a' suoi legittimi successori nella cattedra di S. Pietro, e in conseguenza di ciò lo assolvessero dalla scomunica. Lo stesso dovea farsi coi Prelati e Signori del suo seguito. Compiuto tutto ciò appuntino, il Doge di Venezia con gran moltitudine del Clero e del popolo andò a prendere l'Imperatore e processionalmente lo condusse alla chiesa di S. Marco, dove il Papa attendevalo. Federigo appena giunto alla presenza di Lui gittò via dalle spalle l'imperiale paludamento e prostesosi boccone a terra baciò reverentemente i piedi a sua Santità, implorando supplichevolmente perdono e benedizione. Il Papa, commosso fino alle lagrime, si piegò amorevolmente sopra di lui, lo benedisse con grande affetto, e sollevandolo da terra lo abbracciò e lo baciò in bocca. A tal vista un impeto di gioia invase tutti gli astanti, e Alemanni e Italiani,

126

grandi e popolo, proruppero in alto grido di giubilo. Da ultimo il Papa, fattosi all'altare, intonò il solenne inno di grazie al Signore.

Per più giorni durarono le pubbliche feste nella città con addobbi e luminarie e giuochi e conviti; le quali feste si raddoppiarono il giorno del giuramento della conchiusa pace. Radunatisi pertanto nella gran sala del palazzo patriarcale, il Papa col Sacro Collegio, l'Imperatore, l'Imperatrice, i Principi, i Commissarii della Lega lombarda e gli Ambasciadori del Re di Sicilia; il Papa fece una breve allocuzione, relativa a quel fatto, ricordando i beneficii della pace e commendando altamente la virtù e la prudenza dell'Imperatrice, a cui dopo Dio, essa dovevasi. L'illustre donna, verso cui tosto si rivolsero gli occhi di tutti, si tinse il viso di modesto rossore ed avvallò dignitosamente gli sguardi. All'allocuzione papale seguì un discorso dell'Imperatore, dove egli confessando i suoi passati errori, rendeva grazie a Dio d'avernelo ritratto, e prometteva per ammenda d'andare a guerreggiare in Terra Santa, e protestava di rendere piena pace ai Lombardi e al Re di Sicilia. Tutti acclamarono con festevoli grida, e presentati poscia da' chierici i santi Evangelii e le reliquie della vera croce, l'Imperatore pel primo, e quindi i Principi e i Commissarii delle parti contraenti giurarono d'osservare fedelmente il trattato.

La grandezza di questi avvenimenti, qui piuttosto accennati che narrati, ci avevano quasi fatto dimenticar Rafaella. Ma essi non erano estranei per lei; anzi meravigliosamente s'intrecciavano con le sue avventure.

Riavuto il fratello, cui fuor d'ogni credere trovò florido e lieto, ella pensava d'aver tocco il limite d'ogni sua contentezza. Ma Iddio le serbava un altro benefizio, tanto più giocondo quanto meno da lei immaginato. Il dì che il Papa tornava da Ferrara, accompagnato dai magistrati e rappresentanti delle città lombarde, Rafaella insieme colla madre stavasi a una finestra del Doge mirando quel non più veduto spettacolo, e un ufficiale di corte le veniva indicando e spiegando i singoli personaggi.--Osservate, madamigella; quelli che immediatamente seguono il corteggio papale, sono i Messi di Federigo Imperatore. Son tutti alemanni ed appartengono alle prime dignità dell'Impero. I due che vengono dopo, l'uno ecclesiastico, l'altro secolare, sono gli Ambasciadori del Re di Sicilia, Romualdo

Arcivescovo di Salerno, e Ruggiero conte di Andria. Da ultimo vedete i Commissarii della Lega scelti tra i consoli e i magistrati delle diverse città. Hanno varie divise secondo la patria a cui appartengono. Questi sono Milanesi, questi di Cremona, questi altri di Treviso, quelli di Bergamo.—Rafaella osservava attentamente tutto e tutti, quando tra i consoli di Milano le parve vederne uno che al volto e agli atti si rassomigliava pienamente ad Ottolino. Trasalì a quella vista, e un gelido tremore le corse per le ossa. La madre che s'accorse di quella veemente ed improvvisa turbazione:--Che hai, figliuola, le disse, tu se' fatta pallida e quasi convulsa!--Vedi, mamma, rispose Rafaella, guarda quel terzo da parte destra, che ha la piuma nera al berretto e la cintura turchina ai fianchi, non sembra egli proprio Ottolino?--La buona vecchia aguzzando gli sguardi restava anch'ella meravigliata della totale rassomiglianza; ma non sospettando a pezza dell'identità di persona:--Veh, esclamava, coincidenza di fattezze e di movimenti! lo diresti gemello; se nonché questi ha il volto più abbronzato.--Mamma, ripigliava Rafaella, a cui il cuore batteva in petto oltre l'usato, chi sa che non sia desso.--Che di' tu mai, figliuola mia, Ottolino! di cui non si è saputo più nulla, e che certo sarà a quest'ora in paradiso, giacchè era pio giovine, e Dio certamente gli avrà usata misericordia. E poi che avrebbe a far egli coi Milanesi e molto più coi Consoli! Egli era un semplice arimanno di Saluzzo.--E che possiamo noi sapere, o mamma, delle vicende di questo mondo! Chi avrebbe mai predetto che io prigione in Mozzatorre vi sarei stata poi in qualità di signora! Non potrebbe ad Ottolino essere accaduto qualche cosa di somigliante?--E non ne sarebbe trapelato qualche sentore infine a noi? disse la madre: Rafaella, non fare che l'antico affetto t'illuda.

Ma l'antico affetto non la illudeva; imperocchè veramente quegli era Ottolino, decorato dai Milanesi della loro cittadinanza ed ascritto tra' consoli in guiderdone del fatto egregio nella battaglia di Legnano. Egli veniva con gran desiderio in Venezia sì perchè sapeva d'avervi a rivedere Eriberto, e sì perchè sperava d'incontrarvi inoltre Berardo alla corte del Marchese Manfredo. Qual fu la sua sorpresa, quando udì che oltre a Berardo, eravi eziandio la figliuola! Esultò di gioia; e come prima gli fu concesso, corse subito all'albergo, dove gli fu detto che dimorava Berardo. Ognuno può immaginare le allegrezze che tutti i membri di quella famiglia fecero al vederlo, quasi redivivo e tornato dall'altro mondo. Egli altresì non capiva in sè medesimo dalla letizia, nè sapeva saziarsi di stare con essi; e ogni dì era a visitarli e intrattenerli piacevolmente col racconto delle sue avventure, ed a vicenda facevasi narrare da Eriberto e da Rafaella le loro. Così passarono tutti quei giorni, che precedettero la ratificazion della pace; ed Ottolino sembrava quasi divenuto un secondo figliuolo di Berardo; tant'era la confidenza e l'affetto, con che egli veniva trattato.

È facile indovinare se in quel bollente animo si ridestasse l'antica fiamma. Nondimeno egli non osava palesarsi, sì perchè non sapeva quali fossero le disposizioni di Berardo, e sì perchè avea concepito gran desiderio di seguitare l'Imperatore nell'impresa d'Oriente a difesa di Terra Santa. Senonchè la pia Imperatrice, che appena seppe di lui avea voluto vederlo e spesso lo chiamava in corte, un dì fe cadere il discorso sopra Rafaella e sopra la necessità di dover omai darle stato; e come dal mutamento di colore e dall'agitazione degli atti si accorse degli interni affetti del giovane, apertamente il dimandò se egli a riguardo della donzella era quel medesimo che fu un tempo, giacchè a lei tutto era noto. Ottolino, affidato da tanta benignità di quell'eccelsa Signora, interamente le confessò l'animo suo. Le espose come egli veramente per Rafaella non era in nulla diverso, ma che il desiderio di seguitar Federigo nella crociata contro gl'infedeli, e il timore non forse la mutata condizione di Berardo fosse ostacolo a contrarre con lui parentado lo facevano star titubante. Beatrice risposegli che, quanto all'andata in Palestina essa non potea eseguirsi se non dopo qualche anno, essendo indispensabile dar prima assettamento alle cose dell'Impero e far gli apparecchi di guerra; nè potea venirle ostacolo dalle nozze con Rafaella, la quale, pia come era, sarebbe stata anzi lieta di quella virtuosa risoluzione dello sposo. Quanto poi alla disparità di condizione, già egli, console milanese, non la cedea gran fatto al feudatario di picciol castello; ed oltre a ciò ella sarebbe stata presta a sollevarlo a grado più alto, se il Marchese Manfredo non l'avesse prevenuta. Conciossiachè questi ammirato del valore di Ottolino, avea già mosse pratiche presso la magistratura di Milano per riavere l'antico suo suddito, affine di proporlo al comando generale di tutte le schiere della sua signoria. Ottolino fu oltremodo lieto a udir tali cose; giacchè gli frugava l'anima eziandio la brama di tornare al luogo nativo e rivedere i parenti e gli amici. Il perchè rendute all'augusta Imperatrice le maggiori grazie che per lui si potessero, tutto si commise nelle sue mani. La magnanima donna, accertatasi prima dei sentimenti eziandio di Rafaella, chiamò a se Berardo e manifesto gli ogni cosa, con estremo contento di lui. Il perchè, iniziate e conchiuse in poco tempo le trattative, l'Imperatrice ebbe la soddisfazione di potere prima del suo ritorno in Germania, assistere ella stessa agli sponsali, decorandoli di ricchi doni.

INDICE

Lightning Source UK Ltd.
Milton Keynes UK
UKHW011825020123
414736UK00005B/109

9 781326 469993